RÉUSSIS TOUTES TES VIDÉOS SUR YouTube

Nick Willoughby

FIRST
Interactive

RÉUSSIS TOUTES TES VIDÉOS SUR YOUTUBE

Publié par
John Wiley & Sons, Inc.
111 River Street
Hoboken, NJ 07030-5574, États-Unis
www.wiley.com

Titre de l'édition originale : *Making YouTube® Videos*

Édition française publiée en accord avec John Wiley & Sons, Inc. par :
© Éditions First, un département d'Édi8, 2016
12, avenue d'Italie
75013 Paris – France
Tél. 01 44 16 09 00
Fax 01 44 16 09 01
E-mail : firstinfo@efirst.com
Web : www.editionsfirst.fr

ISBN : 978-2-7540-9003-2
Dépôt légal : août 2016

Auteur : Nick Willoughby
Traduction : Servane Heudiard
Mise en page : Catherine Kédémos
Imprimé en France par Pollina - L77751

SOMMAIRE

INTRODUCTION 1

À propos de YouTube 1
À propos de ce livre 2
Et toi ? 3
Icônes utilisées dans ce livre 3

PROJET 1 : LES PRÉPARATIFS 4

Maîtrise les grandes étapes d'un tournage 5
Équipe-toi correctement 7
Choisis ta caméra idéale 11

PROJET 2 : LE TOURNAGE 21

Choisis un style 22
Trouve une idée maîtresse 24
Structure ta vidéo 25
Définis le scénario de ta vidéo 26
Écris les dialogues 28
Dresse la liste des prises 29
Choisis un type de prise 31
Mouvement ou immobilité ? 37
Enregistre du son 40
Utilise un micro pour les dialogues 46
Contrôle l'éclairage 51
Réussis ta mise en scène 63
Utilise des astuces de tournage 66
Vérifie tes prises 68

PROJET 3 : LE MONTAGE 70

Choisis un logiciel de montage 70
Crée un nouvel événement dans iMovie 72
Importe ta séquence vidéo dans iMovie 74
Enregistre une vidéo avec ta webcam dans iMovie 76
Crée une nouvelle timeline dans iMovie 77
Ajoute une séquence vidéo à une timeline dans iMovie 79
Ajoute des transitions dans iMovie 85
Ajoute des jump cuts dans iMovie 86
Ajoute des titres dans iMovie 87
Enregistre une voix hors champ dans iMovie 89
Importe ta séquence dans un nouveau projet Movie Maker . . . 92
Enregistre une vidéo avec ta webcam dans Movie Maker 97
Ajoute des transitions dans Movie Maker 98
Ajoute des jump cuts dans Movie Maker 100
Ajoute des titres dans Movie Maker 102
Enregistre une voix hors champ dans Movie Maker 104

PROJET 4 : LA DIFFUSION 107

Crée une chaîne YouTube 107
Transfère une vidéo sur YouTube 111
Partage une vidéo sur YouTube avec iMovie 114
Partage une vidéo sur YouTube avec Movie Maker 116
Change les paramètres de tes vidéos 119
Fais le buzz sur YouTube 123
Retire les vidéos indésirables 135

GLOSSAIRE 137

INTRODUCTION

SALUT, FUTUR YOUTUBEUR !

Bienvenue dans *Réussis tes vidéos sur YouTube*, le livre qui tient ses promesses et te permettra vraiment d'atteindre l'objectif annoncé en couverture !

Tu veux être le prochain à faire le buzz sur YouTube ? Et tu y regardes des vidéos en te disant que tu pourrais faire pareil ou que tu as une folle envie de t'y mettre ? Alors tu as choisi le bon livre pour y parvenir !

Des millions d'internautes transfèrent leurs vidéos sur YouTube, et tu peux sans problème en faire autant : il faut juste que tu concrétises en vidéos les multiples idées originales que tu as en tête. Ce livre te guidera étape par étape dans cette tâche : tu vas t'éclater !

À PROPOS DE YOUTUBE

YouTube a été conçu en 2005 pour permettre aux internautes du monde entier de partager des vidéos. Mais personne ne s'attendait à un tel succès. Tu imagines ?

Désormais, que tu cherches une vidéo pédagogique pour t'aider dans la réalisation d'une tâche ou que tu souhaites juste t'amuser en regardant un gag marrant, quel site Web visites-tu ? YouTube ! Et savais-tu que certaines personnes ont fait de la réalisation de vidéos YouTube un véritable métier ? Avoue que cela doit être vraiment cool.

ATTENTION !

Ta sécurité est essentielle. Donc n'inclus jamais d'informations personnelles dans les vidéos que tu publies sur YouTube. Par exemple, ne révèle jamais ton nom ni ton lieu d'habitation.

À PROPOS DE CE LIVRE

À moins de fréquenter une école vraiment particulière, tu n'as aucune chance d'y apprendre à créer des vidéos YouTube. Mais ce livre *Réussis tes vidéos sur YouTube* te dira tout ce que tu dois savoir pour créer tes films personnels. (J'aurais adoré en posséder un identique quand j'étais enfant, mais ce n'était évidemment pas possible, vu que YouTube n'existait pas encore !)

Il paraît qu'une personne sage apprend de ses erreurs, et une personne intelligente, de celles des autres. J'ai acquis toutes mes connaissances en travaillant dans différents secteurs de l'industrie cinématographique, et je me suis perfectionné en corrigeant mes erreurs. Du coup, je pourrai faire le maximum pour t'éviter de commettre les mêmes !

Ainsi, après avoir lu ce livre, tu sauras…

- différencier les types de caméras utilisables,
- enregistrer du son,
- gérer l'éclairage,
- retoucher et monter tes vidéos,
- partager tes vidéos sur YouTube,
- faire le buzz sur YouTube.

Dans certaines illustrations, une loupe comme celle ci-contre attirera ton attention sur la partie de l'écran où tu dois intervenir.

Par ailleurs, les concepts et informations qui réfèrent à une photo ou une capture d'écran apparaîtront surlignés en jaune.

ET TOI ?

Tu as très envie de réaliser des vidéos, n'est-ce pas ? Sinon, tu n'aurais pas décidé de lire cet ouvrage !

Je suppose donc que tu possèdes un appareil capable de tourner des vidéos (caméra, smartphone ou autre) et un ordinateur fixe ou portable pour les exploiter ensuite.

J'imagine aussi que tu possèdes une connexion Internet, que tu sais utiliser Windows ou Mac OS, selon ton équipement, et que tu as déjà enregistré quelques vidéos.

ICÔNES UTILISÉES DANS CE LIVRE

Au fil de ce livre, tu croiseras trois icônes destinées à attirer ton attention sur certains points.

La rubrique Attention ! signale un danger potentiel ou un choix que tu ne dois pas faire.

La rubrique Rappel revient sur un point essentiel, une information dont tu auras sans cesse besoin en réalisant tes vidéos.

La rubrique Astuce donne une information ou un conseil qui pourra te servir pendant la création de ton projet vidéo.

PROJET 1 LES PRÉPARATIFS

SAVAIS-TU QU'IL EXISTE DES MILLIARDS DE VIDÉOS SUR YOUTUBE ? Des dizaines de millions ! Et que ce site accueille 300 nouvelles heures de vidéos chaque minute ? Une vraie folie !

YouTube est donc vraiment un super outil pour partager tes vidéos avec tes amis et ta famille. Et ne t'en fais pas si tu n'as encore rien filmé : au cours de ce livre, je t'expliquerai comment réaliser tes propres vidéos et les publier sur YouTube.

MAÎTRISE LES GRANDES ÉTAPES D'UN TOURNAGE

La réalisation d'une vidéo implique cinq grandes phases :

- le développement,
- la préproduction,
- la production,
- la postproduction,
- la distribution.

LE DÉVELOPPEMENT

Le *développement* est l'une des phases les plus importantes du processus, mais aussi, souvent, l'une des plus difficiles. Généralement, c'est également la plus longue, car tu dois absolument définir avec précision l'objet et la trame de ton film avant de passer à la préproduction.

Voici les deux grandes tâches qui t'attendent pendant la phase de développement.

- Trouver des idées et des thèmes pour produire au final une histoire qui tienne la route, avec un début, un milieu et une fin clairement identifiés.
- Mettre sur pied une histoire exploitable en préproduction. Cela implique forcément d'écrire un scénario à suivre par les acteurs et, parfois, un storyboard pour guider le metteur en scène et l'équipe de tournage. On appelle *storyboard* une série d'images qui aident à planifier les scènes tournées au final.

LA PRÉPRODUCTION

La *préproduction* vise à planifier ta vidéo de manière aussi poussée que possible. Destinée à préparer la production, elle s'appuie sur ton idée directrice, l'histoire, le scénario et le storyboard.

Si tu bâcles ou zappes la préproduction, tu risques d'avoir pas mal de problèmes ensuite et de perdre du temps dans la réalisation de ton film.

Voici ce que tu dois faire pour réussir ta préproduction :

» choisir les acteurs,

» trouver les lieux de tournage,

» prévoir le décor de chaque scène,

» planifier chaque jour de tournage,

» organiser les répétitions des acteurs.

Mieux tu prépareras ces étapes, plus tu gagneras de temps lors des phases de production et de postproduction.

LA PRODUCTION

C'est lors de la *production* que le scénario et les personnages passent de ton imagination à la réalité grâce au filmage.

Pour cela, tu dois :

» organiser les répétitions pour que les acteurs maîtrisent leur texte et qu'ils incarnent bien leurs personnages,

» installer correctement ta caméra sur le lieu de tournage,

» filmer la scène prévue,

» revoir la séquence filmée pour vérifier que tu as bien tout capturé et que le résultat est suffisamment bon pour être monté.

LA POSTPRODUCTION

Au cours de la *postproduction*, tu assembles les séquences capturées lors de la production. Cette étape est vraiment passionnante, car tout le dur travail que tu as accompli au cours des étapes précédentes se concrétise enfin : tu peux alors voir ta vidéo complète dans le logiciel de montage.

Lors de la postproduction, tu dois :

- importer la séquence sur un ordinateur,
- réaliser le montage dans un programme comme iMovie ou Movie Maker,
- ajouter de la musique et divers effets, notamment audio.

LA DISTRIBUTION

Phase finale de l'aventure, la *distribution* commence une fois ton film tourné et monté : quand il est prêt à être présenté au public, donc.

Cela ne sera pas toujours une partie de plaisir, car tu risques d'obtenir toutes sortes de remarques et de commentaires de tes spectateurs.

La plupart des blockbusters sont d'abord diffusés en salle, puis sur DVD, mais pour ta part, tu en resteras à YouTube.

ÉQUIPE-TOI CORRECTEMENT

Un réalisateur professionnel peut dépenser une fortune pour s'offrir son équipement. Mais tu n'en es pas là ! Pour commencer, il te suffit de quelques outils de base, peu onéreux pour la plupart.

- **Une caméra vidéo** : sans cet appareil, pas de vidéo qui vaille, évidemment ! Car une caméra capture les images et les sons, puis les stocke sur une carte mémoire, un disque dur ou une bande. La prochaine section t'en dira plus à ce sujet.

FONCTIONNEMENT DE TA CAMÉRA

Ne t'inquiète pas, je ne vais pas t'ennuyer avec de longs développements techniques : je veux juste te présenter les principaux éléments à connaître pour optimiser ton travail.

Une caméra vidéo fonctionne presque comme un œil. En effet, tes yeux voient les choses sous la forme d'images fixes, techniquement appelées *cadres*. Mais ton cerveau (comme la caméra) les assemble à une vitesse telle que tu as l'impression de voir un mouvement fluide : surprenant, n'est-ce pas ?

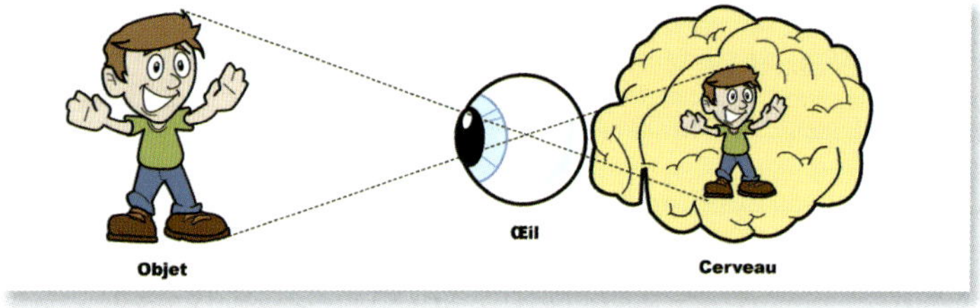

Également selon le même principe que ton œil, la caméra enregistre les images en utilisant la lumière de la scène filmée. Cette lumière pénètre au travers de l'objectif, puis les images sont capturées par la micropuce de la caméra numérique, pour finir sur une carte mémoire ou une bande.

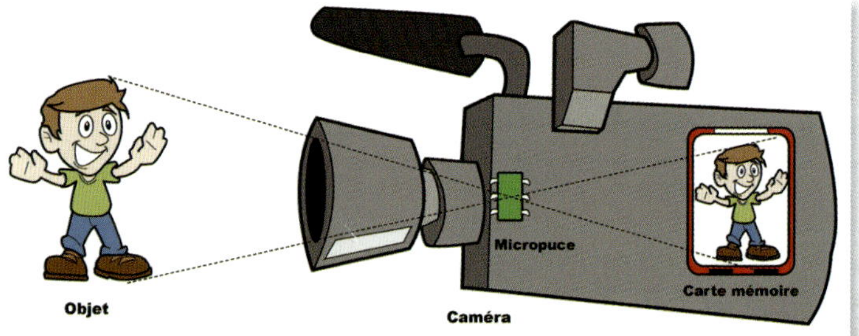

- **Un micro** : cet appareil enregistre les sons sur une carte mémoire, un disque dur ou une bande. Parfois, il est intégré à la caméra, parfois non (il s'agit alors d'un micro *externe*). Le chapitre 2 t'expliquera comment utiliser un micro pour assurer la partie audio de ton film.
- **Une source de lumière** : l'éclairage joue un rôle fondamental, car il faut que ton public voie bien les sujets. Il peut être assuré par une source naturelle, telle que le soleil, ou artificielle, comme une lampe. Le chapitre 2 te conseillera sur cet aspect technique.

CONTRÔLE LA TEMPÉRATURE DE COULEUR

Cela va sûrement te surprendre, mais il existe plusieurs couleurs de lumière (ou températures de couleur). Par exemple, la lueur d'une bougie tire vers un orangé assez chaud, mais le bleu d'un ciel d'été sans le moindre nuage est plutôt froid. La couleur de la lumière se mesure en *kelvin (K)*. Sur ta caméra, tu peux ajuster ce paramètre manuellement en jouant sur la balance des blancs ou laisser l'appareil faire en activant le réglage automatique de cet aspect. Dans les deux cas, cela adapte la température de couleur à la lumière de la scène.

- **Un logiciel de montage** : pas question de matériel, ici, mais d'un programme informatique où tu importes tes séquences vidéo en vue de couper les sections superflues et d'assembler les séquences ainsi optimisées. Le chapitre 3 sera entièrement consacré au montage de tes vidéos.

- **Un trépied** : formidable accessoire pour stabiliser ta caméra dans une position *fixe* et unique, un trépied permet aussi de filmer sans à-coups un sujet qui se déplacerait verticalement ou horizontalement.
- **Une carte mémoire ou une bande** : support sur lequel ta caméra enregistre ta séquence vidéo.
- **Un casque** : tu peux brancher un casque sur une caméra vidéo ou un magnétophone externe pour contrôler la *qualité* du son. Sinon, comment savoir s'il est correct ?

PETIT COUP D'ŒIL AU PASSÉ

Les caméras argentiques capturaient chaque séquence vidéo sous la forme d'une succession d'images fixes. Celles-ci s'imprimaient sur une bande photosensible qui tournait à l'intérieur de l'appareil. Un rouleau de bande coûtait très cher et n'était pas réutilisable. Par ailleurs, avec un tel équipement, il était difficile de préparer et contrôler ses prises.

Les caméras argentiques produisent un effet *cinématique* qui rend les images plus douces que celles d'une caméra numérique. Par exemple, elles permettent de flouter l'arrière-plan pour faire ressortir le sujet. De tels effets sont particulièrement difficiles à produire avec une caméra numérique, surtout bon marché, car ce type d'appareil gère souvent mal les zones les plus claires et les plus foncées d'une scène : au final, l'image apparaît donc plus nette.

CHOISIS TA CAMÉRA IDÉALE

Grâce aux caméras vidéo numériques, réaliser des films est devenu plus facile et moins cher. Il existe différents modèles, de taille, de qualité et de prix variables. Mais pour moins de 100 €, tu peux t'offrir un caméscope compact HD qui réalise de superbes vidéos. Puisque tu débutes dans cette activité, un tel dispositif te suffira amplement.

Par rapport aux anciens modèles *SD (définition standard)*, les caméras *HD (haute définition)* produisent des images de meilleure qualité, plus fines et avec des couleurs plus vives.

À l'autre extrême, on trouve des caméras qui coûtent plus de 50 000 €. Elles sont utilisées par des professionnels pour le tournage de films destinés à tenir le haut de l'affiche au cinéma. Mais même elles ont des points faibles.

En tant que réalisateur et pour diverses raisons, j'ai utilisé plusieurs types de caméras vidéo. Passons en revue les différentes sortes de caméras numériques existantes.

LES WEBCAMS

La plupart des ordinateurs fixes et portables intègrent désormais une *webcam*. Sinon, tu peux en acheter une indépendante pour une vingtaine d'euros, que tu n'auras qu'à brancher directement sur ton PC ou ton Mac. Une webcam est idéale pour filmer des personnes qui communiquent par ordinateur.

Si tu veux en utiliser une pour réaliser ta future vidéo YouTube, mais si tu n'en possèdes pas encore, rends-toi dans un « vrai » magasin d'informatique ou sur un site Web marchand.

Il m'est arrivé de recourir à une webcam pour enregistrer des vidéos publiées sur mon blog, car ce petit appareil est facile à installer et configurer. Il permet aussi de modifier et de poster rapidement les films ainsi réalisés.

LES TÉLÉPHONES AVEC APN

Un *téléphone avec APN* (appareil photo numérique) est un téléphone mobile, capable de capturer des images fixes et des vidéos. Petit et léger, il facilite la réalisation de films dans des espaces réduits.

Les téléphones avec APN n'offrent pas une qualité d'image ni de son extraordinaire, mais ils sont super pour capturer des vidéos sur l'instant sans te prendre la tête.

Rien ne vaut un téléphone avec APN pour capturer une scène inattendue dans le feu de l'action. C'est pourquoi j'utilise le mien et non une « vraie » caméra pour capturer des vidéos et des photos destinées à des projets secondaires.

MIEUX VAUT UN SEUL OBJECTIF QUE DEUX

Pendant très longtemps, les appareils photo ont possédé deux objectifs : la photo qui était imprimée sur la pellicule passait par l'un d'eux, et l'image restituée au niveau du *viseur* (composant au travers duquel regarde le photographe) par l'autre. Mais ce système posait problème, car parfois, le photographe obtenait une image différente de ce qu'il avait visualisé. Heureusement, la situation a changé avec l'arrivée des reflex mono-objectif, déclinés ensuite en version numérique (DSLR). En effet, l'objectif unique garantit que l'image visualisée au travers du viseur correspond bien à celle enregistrée.

LES CAMÉSCOPES

Un *caméscope* est une caméra portable qui permet d'enregistrer des vidéos avec du son. Généralement, ces appareils possèdent un objectif intégré et ne requièrent pas de réglages poussés, permettant donc de filmer rapidement et facilement. Leur prix a baissé au cours des dernières années ; pourtant, ils n'ont jamais produit d'images ni de son d'aussi bonne qualité.

Il existe beaucoup de modèles de caméscopes, d'une centaine d'euros pour un appareil basique à plus de 50 000 € pour des dispositifs de télédiffusion. Ce qui permet donc de les classer en deux catégories : les caméscopes abordables et les caméscopes professionnels.

Pour tes vidéos YouTube, la première fera parfaitement l'affaire !

LES CAMÉSCOPES ABORDABLES

Même parmi les caméscopes abordables, il existe des appareils d'excellente qualité, dotés de formidables caractéristiques. La plupart d'entre eux proposent des fonctions « automatiques », telles que :

- l'autofocus, qui permet de faire la mise au point sur le sujet au lieu de l'arrière-plan,
- la détection de visages, qui règle la mise au point sur les personnes,
- le diaphragme automatique, qui ajuste la luminosité en fonction de la lumière,

» la balance des blancs automatique, qui ajuste la température de couleur de l'image.

Petits, légers et faciles à utiliser, les caméscopes abordables conviennent tout particulièrement à la réalisation de vidéos chez toi.

LES CAMÉSCOPES PROFESSIONNELS

J'aurais aussi pu appeler cette section « Les caméscopes hors de prix ». Les réalisateurs de films professionnels exigent plus de leurs appareils que la plupart des gens lambda n'en auront jamais besoin ! Parfois, ils veulent même contrôler la prise manuellement au point de s'affranchir complètement des réglages inhérents au caméscope. L'Homme sera toujours plus intelligent que la Machine…

Les caméscopes professionnels sont principalement utilisés par des sociétés de production cinématographiques et des équipes de tournage qui suivent l'actualité sur le terrain.

Généralement, plus tu montes en gamme, plus ces appareils sont encombrants et lourds, et plus ils offrent de possibilités de réglages manuels. Un caméscope de 9 kg peut te sembler acceptable, mais après avoir dû le porter une journée ou le tenir longtemps en position fixe, tu changeras d'avis…

LES CAMÉRAS D'ACTION

Les fabricants de caméras cherchent en permanence à concevoir des appareils certes performants, mais de plus en plus compacts. C'est ainsi que sont nées les *caméras d'action*, très petites et légères, que tu peux porter sur toi avec un simple bracelet, fixer sur ton vélo ou un autre équipement sportif, installer dans ta voiture ou même accrocher au collier de ton chien.

Elles permettent de réaliser des vidéos qui seraient sinon très difficiles à tourner. Par exemple, un cycliste peut fixer une caméra d'action sur son casque pour filmer ce qu'il voit pendant qu'il roule. Des joggeurs, des skieurs, des parachutistes et des coureurs automobiles peuvent aussi s'en servir. Les séquences qui en résultent donnent facilement au public la sensation d'être au cœur de l'action.

Les caméras d'action constituent un formidable outil pour capturer des vidéos de très bonne qualité sans casser ta tirelire, puisque tu peux t'en offrir une pour une cinquantaine d'euros.

ASTUCE *Le son enregistré par les caméras d'action est rarement bon. Donc réserve ce type d'appareil aux vidéos pour lesquelles l'aspect audio n'est pas important.*

LES CAMÉRAS AÉRIENNES

Les scènes tournées depuis les airs prennent une tout autre envergure et sont fréquentes dans les films et les émissions de télévision. Tu peux en réaliser en fixant ta caméra à un *drone* ou un *quadcopter*, et obtenir alors des séquences fascinantes, que tu n'aurais jamais vues depuis le sol.

Avant l'arrivée des drones et des quadcopters, la seule manière de tourner depuis les airs était d'embarquer une caméra à bord d'un véritable hélicoptère : solution très coûteuse, évidemment.

Si tu souhaites acheter une caméra aérienne, rends-toi dans un magasin ou sur un site marchand de photo ou de high-tech : il t'en coûtera une cinquantaine d'euros.

ATTENTION !

Dans certains endroits, tu dois posséder une licence pour avoir le droit de faire voler ton drone ou ton quadcopter : veuille bien à respecter la législation en vigueur sur ton lieu d'utilisation.

LES APPAREILS PHOTO REFLEX NUMÉRIQUES

Un *reflex numérique* (DSLR) se distingue des autres APN par le fait qu'il intègre un miroir derrière l'objectif pour refléter ce qui passe au travers de l'objectif depuis le viseur. Équipé d'objectifs amovibles, il peut produire des photos bluffantes. Depuis une dizaine d'années, les fabricants ont enrichi d'une fonction vidéo ces appareils destinés, au départ, uniquement à la capture de clichés. Tu peux donc désormais utiliser un reflex numérique pour réaliser de très beaux films.

Plus compact que certaines caméras numériques de cinéma, un reflex numérique te conviendra parfaitement si tu voyages beaucoup ou si tu filmes et photographies souvent dans de petits espaces.

Les vidéos réalisées par des reflex numériques ont parfois une apparence très *cinématographique*, qui rappelle donc la qualité des films que tu vois dans les salles obscures.

» Les reflex numériques possèdent de plus grands capteurs, qui capturent donc une zone plus étendue de la scène, avec davantage de lumière et une profondeur de champ plus importante. La *profondeur de champ* désigne la zone du cliché qui apparaît nette : plus elle est grande, plus la zone nette est étendue ; à l'inverse, plus elle diminue, moins il y a d'éléments nets dans la photo (parfois, les zones derrière et devant le sujet apparaissent alors floues).

» Avec un reflex numérique, il est possible d'utiliser différents objectifs et de capturer ainsi une grande variété de clichés. Nous passerons ceux-ci en revue dans le prochain chapitre.

Les reflex numériques ne sont vraiment pas adaptés à l'enregistrement de longues séquences vidéo, car cela risque d'augmenter dangereusement leur température. Ils offrent donc un temps de filmage limité.

Pas facile, non plus, d'enregistrer du son avec un tel appareil. En effet, la qualité du micro intégré est très moyenne (et encore !), et le reflex fait pas mal de bruit pendant l'enregistrement. La seule solution fiable consiste donc à brancher un micro externe grâce à une petite prise jack.

J'ai réalisé beaucoup de petites vidéos avec les premiers reflex numériques qui intégraient cette fonctionnalité. La qualité d'image était géniale, mais à cause des mauvaises performances audio de ces appareils, j'ai enregistré le son avec un équipement indépendant et effectué le montage par la suite sur ordinateur. Si tu te lances dans un projet de grande envergure, un tel montage risque de te prendre beaucoup de temps.

LES CAMÉRAS DE CINÉMA NUMÉRIQUES

Les *caméras de cinéma numériques* servent à filmer des projets de grande ampleur, auxquels elles donnent une apparence cinématographique. Comme les caméscopes, elles sont devenues plus abordables et moins encombrantes au fil du temps. Il y a cinquante ans, il t'aurait fallu un camion pour transporter ta caméra de cinéma et l'équipement associé, mais aujourd'hui, tout tient dans un sac à dos.

La plupart des grandes enseignes de vente de matériel vidéo commercialisent des caméras de cinéma numériques. Leur prix peut aller de 1 000 €, environ, à plus de 60 000 € . J'ai bien écrit « 30 000 € » : certaines coûtent plus cher qu'une voiture !

Même si elles tiennent dans un sac à dos, les caméras de cinéma numériques sont généralement plus imposantes que la plupart des autres caméras. Souvent, elles sont aussi les plus onéreuses, car après avoir acheté le corps de l'appareil, tu dois y ajouter des accessoires indispensables, comme des objectifs et des écrans : certains de ces équipements coûtent autant que la caméra elle-même.

Généralement, les caméras de cinéma offrent un grand nombre de réglages manuels, ce qui les rend assez difficiles à configurer et à utiliser. C'est pourquoi je réserve la mienne essentiellement au tournage de drames et de projets dans le cadre de mon activité professionnelle.

PROJET 2 LE TOURNAGE

NE COMMENCE PAS À FILMER SANS UN MINIMUM DE PRÉPARATION.

Mieux tu seras préparé, plus les étapes suivantes seront faciles. Tu dois notamment choisir un style, déterminer ton fil directeur et planifier les prises de vue.

Prêt ?

CHOISIS UN STYLE

Une idée. Un thème.

Quel sujet veux-tu traiter dans ta vidéo ? Quel objectif vises-tu ? Bien définir ton idée directrice est parfois la phase la plus difficile dans la réalisation d'une vidéo, mais aussi la plus passionnante.

Dans un premier temps, détermine son type (son style).

- **Tutoriel.** Si tu possèdes une compétence que tu souhaites montrer, tu peux réaliser une vidéo pédagogique, c'est-à-dire un *tutoriel*. Par exemple, tu peux expliquer comment jouer une chanson à la guitare, créer un origami de cygne ou réussir un maquillage. Laisse libre cours à tes talents !
- **Jeu.** Si tu es un joueur passionné et si tu veux montrer à quel point tu es performant (ou mauvais…), tu peux réaliser une vidéo illustrant la pratique d'un jeu. Peut-être as-tu des astuces à partager ?

ATTENTION !

Pour filmer une vidéo de jeu, tu dois enregistrer et capturer la partie, puis la travailler dans un logiciel de montage. Si tu possèdes un Mac, la fonction d'enregistrement de l'écran du lecteur QuickTime fera l'affaire. Et si tu as un PC, tu peux télécharger un outil de capture d'écran gratuit depuis le site www.ezvid.com.

- **Critique.** Il s'agit là d'un formidable outil pour partager ton point de vue ou ton ressenti sur quelque chose avec les internautes sur YouTube. Par exemple, tu peux faire la critique d'une caméra que tu as achetée, d'un film que tu as vu ou d'un endroit que tu as visité. Ou même parler d'une recette que tu as essayée ! N'hésite pas, alors, à inclure des photos et des clips vidéo du produit sur lequel tu donnes ton avis.
- **Gag.** Tu as sans doute déjà regardé plein de vidéos d'animaux marrants sur YouTube, notamment de chats : des chats dans des boîtes, des chats réalisant des selfies, des chats faisant la sieste,

et j'en passe ! Souvent, les gens enregistrent ces vidéos avec leur téléphone et, généralement, ces scènes sont uniques. Ton animal de compagnie n'a-t-il pas parfois un comportement amusant, lui aussi ?

DEMANDE D'ABORD L'AUTORISATION

Avant de filmer quelqu'un, tu dois absolument obtenir son accord. Sinon, s'il change d'avis, tu risques d'être obligé de retirer ta vidéo de YouTube après avoir consacré du temps et de l'énergie à la monter et la publier. Pour ne pas en arriver là, donc, demande aux personnes qui apparaissent dans ton film de remplir et signer un *formulaire de renonciation au droit à l'image*. Par cet acte, ils acceptent que tu utilises leur image dans ta vidéo et s'engagent à ne pas changer d'avis ultérieurement. Beaucoup de sites Web proposent des formulaires types, comme www.ooreka.fr ou www.documentissime.fr : lance juste une recherche dans Google pour trouver ton bonheur !

- **Court-métrage.** Choisis ce type de vidéo si tu veux relater une histoire, diriger des acteurs et écrire des scénarios. Il peut s'agit d'une *fiction* (histoire inventée, donc) ou d'une *histoire vraie*. Dans les deux cas, tu peux tout à fait utiliser un caméscope.

- **Blog vidéo.** Si tu as envie de parler d'un sujet qui t'intéresse ou de partager une opinion sur quelque chose, tu peux créer un blog vidéo (aussi appelé *vlog*). Sorte de journal vidéo, ce type d'outil présente de petits films généralement réalisés avec une webcam ou un équipement basique.

Et maintenant, comment vas-tu produire une vidéo qui sorte du lot ?

TROUVE UNE IDÉE MAÎTRESSE

Définir ton idée directrice ne sera pas forcément chose facile, mais souvent, cela sera aussi l'une des étapes les plus passionnantes. Il m'est arrivé de passer des jours, des semaines, et même des mois pour trouver celle de certains de mes films. Et puis, soudain, alors que je roulais au volant de ma voiture ou que je faisais la vaisselle, l'étincelle s'est faite !

Après avoir défini le type de ta vidéo, détermine son *sujet* et, quand tu penses l'avoir trouvé, pose-toi notamment les questions suivantes.

» **Quelles sont les attentes de ton public ?** Qui *seront* tes futurs spectateurs ? Que souhaiteront-ils voir ? Ne tiens pas seulement compte de ce que tu as envie de faire et de ce qui plaira *à ton avis*. Interroge ton public, des personnes de ton entourage qui regardent ce genre de vidéos. Qu'aimeraient-ils voir ? Quelqu'un te donnera peut-être une idée qui germera dans ton esprit pour finalement donner naissance à un projet fascinant.

» **Quelle histoire raconter ?** Beaucoup de films et de vidéos sont fondés sur des histoires réelles. En connais-tu une qui mérite d'être racontée ? Peu importe qu'elle soit personnelle ou arrivée à quelqu'un de ton entourage : interroge tes proches, explore plusieurs pistes. La plupart des films que j'ai écrits reposent sur des événements que j'ai vécus ou qui sont arrivés à des gens que je connais. Si ton expérience personnelle ne t'inspire rien, consulte des livres de nouvelles : tu y trouveras peut-être une idée de génie !

» **Quelles sont tes possibilités ?** Raconter des histoires d'extra-terrestres, de monstres ou de planètes lointaines peut être une bonne idée si tu possèdes ton vaisseau spatial. Mais pense plutôt à tous les types d'histoires que tu peux filmer avec les lieux et les accessoires déjà en ta possession. Souvent, pour trouver l'inspiration, tu n'as qu'à regarder autour de toi et observer ce dont tu disposes.

Songe aussi à ceux qui pourraient t'aider à réaliser ta vidéo : quels en seront les acteurs, qui aura la vedette ? N'hésite pas à solliciter quelqu'un pour te seconder dans l'écriture ou la compilation de tes idées. J'ai écrit beaucoup de films avec un partenaire, et cela se révèle très porteur, car quand l'un des deux trouve une idée, cela peut en donner d'autres à la seconde personne et constituer peu à peu le canevas de l'histoire.

» **Y a-t-il de mauvaises idées ?** Non, cela n'existe pas. Note toutes celles que tu as : chacune peut donner naissance à un projet remarquable. Même si tu en écris des dizaines inexploitables pour l'instant et avant longtemps, ce n'est jamais perdu : une idée abandonnée pour ton projet actuel pourra tout à fait t'inspirer une autre histoire plus tard.

STRUCTURE TA VIDÉO

Pendant la phase de planification, définir la *structure* de la vidéo YouTube peut s'avérer très utile.

Pas de bonne vidéo sans une bonne histoire, avec un vrai début, un vrai milieu et une vraie fin. Et cette règle vaut pour tous les types de vidéos, y compris les vlogs et les tutoriels.

Garde alors les points suivants à l'esprit.

» **L'introduction.** Cette partie de ta vidéo est très importante, car c'est elle qui va donner envie au spectateur de regarder la suite… ou de passer son chemin. Autrement dit, elle doit *captiver* ton public, attirer son attention et susciter sa curiosité. Essaie d'y présenter le sujet principal de ta vidéo et les personnages.

» **La fin.** Ce moment où tu quittes ton public est, lui aussi, très important, car c'est là que le spectateur se forge sa dernière opinion. Il faut donc absolument qu'il ait envie de dire à un ami « C'était génial ! » ou « C'était super drôle ! ».

Pour susciter une telle réaction, veille à ce que ta vidéo propose bien ce qu'elle annonçait dans son titre ou son introduction. Ton public a-t-il appris quelque chose ? A-t-il ri ? S'est-il amusé ? N'hésite pas à inclure un petit mot à son attention pour le remercier de t'avoir suivi. Tu peux aussi inviter les spectateurs à commenter ta vidéo, à en regarder d'autres ou à s'abonner à ta chaîne YouTube.

» **Les personnages.** Toute vidéo inclut des personnages, tantôt réels, tantôt inventés. Si des acteurs y prennent part, je te conseille de créer un profil pour chacun.

Un profil de personnage *décrit cette personne. Est-elle calme, drôle, méchante ? Ou encore intelligente, grincheuse, espiègle ? Plus ce profil est précis, plus la prestation de l'acteur jouant ce rôle sera juste.*

» **Les émotions.** Le public aime ressentir des émotions : fais-le rire, pleurer, sauter de joie, et c'est gagné ! Pense à ton film préféré. Pourquoi l'aimes-tu à ce point ? Parce qu'il te rend heureux ou triste ? C'est ce genre de sentiments que tu dois susciter chez tes spectateurs.

Regarde d'autres vidéos sur YouTube. Qu'est-ce qui fonctionne bien, et te donne envie de rire ou de pleurer ? Comment commencent et se terminent ces films ?

DÉFINIS LE SCÉNARIO DE TA VIDÉO

J'adore écrire des scénarios, car c'est le moment où ma vidéo commence vraiment à prendre corps. Selon le style que tu as choisi, ton script peut expliquer chaque scène ou définir les *dialogues* des acteurs.

Voici comment j'ai écrit et organisé mon scénario.

MILOU LE VOLEUR DE TÉLÉPHONE

Action et indication scénique

SCÈNE 1 : PRÉSENTATION DE NICO

Nico est assis à son bureau et parle face à sa webcam. Il tient son téléphone dans sa main.

Nom du personnage

NICO

Dialogue

Salut ! Incroyable : je viens de retrouver le téléphone que j'avais perdu hier ! Et quand j'ai parcouru son contenu, je n'en ai pas cru mes yeux : mon chien Milou me l'avait chipé et il s'est filmé avec ! Vous ne me croyez pas ? Pourtant, voici ce que j'ai trouvé.

SCÈNE 2 : MILOU DANS SON PANIER

Milou est allongé dans son panier et regarde le téléphone. Celui-ci bouge autour de lui, comme si Milou cherchait le meilleur cadrage pour se filmer. Début de la voix hors champ de Milou.

Voix hors champ de Milou

Mais comment ça marche, ce truc ? Ah, ça y est… J'ai compris… C'est parti ! Coucou, je m'appelle Milou et je suis dans mon panier. J'y passe le plus clair de mon temps pour dormir : c'est trop bon ! J'ai quand même piqué le téléphone de mon maître pour faire une petite vidéo de ma vie. J'espère qu'elle vous a plu !

Si tu as prévu de créer un court-métrage avec une véritable histoire et des instructions pour tes acteurs, mieux vaut écrire un scénario. Il doit alors comprendre ces trois éléments.

- **Actions et indications scéniques.** Ces informations correspondent à la description de tout ce qui se produit à l'écran, exception faite des dialogues des personnages. Tu peux aussi y inclure des indications sur les prises de vue et des notes sur le tournage. Mais surtout, tu dois expliquer à chaque acteur comment se comporter et comment agir pour incarner son personnage dans chaque scène. C'est ce que fait la phrase « Nico est assis à son bureau et parle face à sa webcam. », par exemple, dans mon scénario présenté à l'instant.

- **Noms des personnages.** Indique bien le nom du personnage qui s'exprime devant chaque réplique de tes dialogues, afin que les acteurs sachent systématiquement qui prend la parole.
- **Dialogues.** Il s'agit des mots prononcés par tes personnages ou toi-même. Essaie d'être aussi naturel que possible dans la formulation. Par exemple, dans la vie, tu dis : « Désolé, mais ça ne va pas. » Donc, à moins d'incarner quelqu'un de très formaliste, n'écris pas : « Je suis désolé, mais cela ne convient pas. »

Pour te faciliter la tâche et gagner du temps, tu peux utiliser un logiciel de scénario pour écrire le tien. Ce type de programme propose des *modèles*, documents déjà structurés, avec des zones à remplir par tes propres textes, notamment les indications scéniques, les noms des personnages et les dialogues. Ainsi, ton scénario est mieux organisé et plus facile à lire.

ASTUCE *J'ai utilisé un logiciel gratuit appelé Celtx que tu peux télécharger depuis le site* www.celtx.com *ou* www.clubic.com *(rubrique Télécharger), mais il en existe beaucoup d'autres, comme Final Draft. Et tu peux aussi te contenter de Word.*

En *écrivant ton scénario*, tu limiteras le nombre de « euh… » et autres petits mots d'hésitation. Pour un vlog ou un tutoriel, tu n'as pas besoin d'écrire ton scénario en intégralité ni de le détailler vraiment ; néanmoins, lister les principaux points à aborder te permettra d'être plus efficace.

ASTUCE *Même quand tu crées un vlog ou un tutoriel, il est important de prévoir ce que tu vas dire.*

ÉCRIS LES DIALOGUES

Les *dialogues* correspondent simplement aux conversations entre les personnages.

RAPPEL

Un dialogue réussi est un dialogue qui sonne naturel à l'oreille. Imagine ce que tu dirais si tu étais le personnage ; et, surtout, évite de tout expliquer et tout exprimer par des mots : une partie de ton message doit passer les expressions du visage, le langage corporel et des actions concrètes.

ASTUCE

Lis tes dialogues à haute voix. Si tu accroches sur un mot, ou si une ligne est trop difficile à lire, cherche une manière plus simple de l'exprimer.

Un dialogue n'est jamais figé : tes acteurs peuvent dire la même chose, mais avec d'autres mots. Accepte-le, du moment qu'ils transmettent bien le message attendu.

Si tu as du mal à trouver ce que tu dois écrire, essaie de jouer la scène ou de lire à haute voix ce que tu as déjà produit. Tu peux aussi demander à un ami de t'aider à rédiger les dialogues pour ta vidéo YouTube.

DRESSE LA LISTE DES PRISES

Prévoir toutes les prises que tu vas inclure dans ta vidéo est l'un des meilleurs gages de réussite. Avant de filmer une scène ou un objet spécifique, répertorie les prises (ou plans) que tu envisages de faire. La *liste des prises* ainsi obtenue t'aidera sur deux points essentiels :

- garder un suivi de ce que tu filmes,
- prévoir le lieu, les accessoires et les acteurs de chaque prise.

ASTUCE

Parfois, tu tourneras au même endroit, mais à différents moments de ta vidéo. Par exemple, tu peux commencer un film dans un parc où tu reviens à la fin. Dans ce cas, capture toutes les scènes dans ce lieu le même jour.

Tu peux télécharger une version vierge de cette liste des prises depuis la page www.pourlesnuls.fr/telechargements ; ainsi, il te suffira de la renseigner à chacune de tes vidéos.

Liste des prises

Titre de la production : « Milou le voleur de téléphone »

N° de la prise	N° de la scène	Type de prise	Mouvement de la caméra	Description
1	1	Plan moyen	Fixe	Plan de Nico au bureau capturé avec la webcam
2	6	Plan moyen	Fixe	Plan de Nico au bureau capturé avec la webcam
3	2	Gros plan	Mobile	Mouvement pour simuler Milou tenant la caméra
4	3	Gros plan	Mobile	Mouvement et rotation vers le haut pour montrer Nico (ne regarde pas la caméra)
5	4	Plan moyen	Mobile	Milou commentant sa pâtée
6	4	Gros plan	Mobile	Mouvement pour simuler Milou tenant la caméra
7	5	Gros plan	Mobile	Mouvement pour simuler Milou tenant la caméra

Voici les informations à inclure dans ta liste des prises.

- **Le numéro de la prise** pour positionner celle-ci chronologiquement parmi toutes les autres. Ainsi, tu dois donner le numéro 1 à la première prise que tu prévois de filmer, 2 à la deuxième, et ainsi de suite.
- **Le numéro de la scène** pour indiquer la scène dont la prise fait partie. Généralement, ce numéro sert quand un scénario comprend plusieurs scènes ; autrement dit, tu n'en auras pas forcément besoin si tu réalises un vlog ou un tutoriel. Dans ma vidéo, la scène 1 a été tournée avec ma webcam dans mon studio, et la scène 2 avec mon téléphone, quand Milou se trouvait dans son panier.

RAPPEL

Un film est toujours divisé en scènes, c'est-à-dire en séries de prises réalisées au même endroit. Dès que tu changes de lieu, tu changes de scène.

- **Le type de la prise** correspond à la distance que tu souhaites laisser entre les acteurs et toi : envisages-tu un plan large, un plan moyen ou un gros plan ? Nous reviendrons sur cet aspect en détail à la prochaine section.
- **Le mouvement de la caméra**… ou le « non-mouvement », puisque tu dois indiquer ici si tu utiliseras ta caméra en position fixe ou en la déplaçant. Là encore, nous examinerons ce point plus tard dans ce chapitre.
- **La description de la prise** explique en détail comment devra être la prise. Tu peux l'étayer de remarques concernant des points à ne pas oublier lors du tournage, comme le mouvement requis pour la caméra ou une action spécifique à accomplir par les personnages.

CHOISIS UN TYPE DE PRISE

Choisir un type de prise (ou *de plan*) consiste à définir comment ton sujet apparaîtra sur l'écran ou dans le viseur de ta caméra. Tu décides alors notamment du meilleur *cadrage* possible, c'est-à-dire de la partie de la scène que tu captureras et que tes spectateurs verront.

RAPPEL

Réfléchis bien aux prises que tu veux faire avant de filmer quoi que ce soit. Au final, cela te fera gagner du temps le jour du tournage, car tu sauras déjà quels plans réaliser.

- Certains réalisateurs choisissent leurs prises avant de filmer.
- D'autres les déterminent au moment de dresser la liste des prises, après l'écriture du scénario.
- Enfin, d'autres ne choisissent leurs plans que le jour du tournage, malgré les avantages qu'il y a à le faire bien avant.

Je te conseille vivement de choisir tes prises avant de filmer. Ainsi, tu travailleras beaucoup plus sereinement et obtiendras de meilleurs résultats.

Il existe beaucoup de plans possibles : dans les prochaines sections, tu découvriras les différents types existants et les situations auxquelles chacun convient le mieux.

PLAN LARGE

Aussi appelé *plan général*, le *plan large* est celui qui présente au public la plus grande zone de la scène. Pour en réaliser un, tu dois faire un zoom arrière ou éloigner ta caméra au maximum du personnage ou du sujet.

Certains réalisateurs aiment commencer leurs scènes par un plan large, car il donne une *vision d'ensemble* qui situe le lieu ou les personnages dans l'environnement global.

Par exemple, si tu veux faire comprendre aux spectateurs que tes personnages sont sur la plage, tu peux commencer par un plan large qui montre les acteurs, le ciel, le sable et la mer (sans requins, j'espère !). Ainsi, ton public saura instantanément où se passe l'histoire.

ASTUCE

Quand tu cadres une scène, a fortiori pour un plan large, essaie d'y identifier des lignes droites, aussi bien horizontales *(d'un côté à l'autre) que* verticales *(entre le haut et le bas) : cela te permettra de réaliser une prise bien d'aplomb. Par exemple, dans la photo qui précède, le cadrage est tel que la ligne d'horizon coïncide avec la limite entre l'herbe et les arbres.*

Quand as-tu intérêt à choisir un plan large ? Lorsque tu tournes une vidéo courte, afin de montrer l'intégralité de la scène au public, ou que tu filmes ton animal de compagnie pour produire un clip marrant.

PLAN MOYEN

Le *plan moyen* (ou *plan pied*) cadre les personnages à *mi-hauteur*, environ, en présentant la partie supérieure de leur corps, de la ceinture à la tête.

Ce type de plan est très courant en télévision, au cinéma et sur YouTube, car il montre bien les mouvements des mains, la gestuelle et les expressions du visage. Autant d'éléments que tu auras souvent envie de capturer.

Le plan moyen s'utilise beaucoup dans les vlogs, les critiques et les tutoriels, car il concentre l'attention des spectateurs sur la partie supérieure du corps.

- Un *plan à deux personnages* correspond à un plan moyen où deux personnes sont filmées. Il s'emploie souvent en télévision quand deux présentateurs animent un show. Tu peux essayer d'y recourir pour tes vidéos YouTube si tu as deux personnages côte à côte ou face à face.

» Un *plan rapproché* convient tout particulièrement au filmage de conversations entre des personnages en vis-à-vis, car le public voit chaque personne, mais seulement le visage de celle qui fait face à la caméra.

J'aime beaucoup les plans rapprochés, car ils permettent de bien visualiser les expressions des visages. Et comme l'un des personnages fait face au spectateur, celui-ci peut presque avoir l'impression de prendre part à la conversation.

Tu peux utiliser ce type de plans dans tes vidéos YouTube si tu interviewes quelqu'un ou si un personnage bavarde avec un autre.

Généralement, dans les plans rapprochés, les acteurs regardent la caméra, ce qui a tendance à distraire le public. Pour éviter cela, place ta caméra loin de ton personnage et zoome avec l'objectif.

Quand est-il conseillé d'utiliser un plan moyen ? Lorsque tu te filmes en train de parler d'un sujet intéressant, de faire une critique ou un vlog. Par exemple, pour présenter ma vidéo YouTube sur Milou, je me suis filmé en plan moyen avec ma webcam.

GROS PLAN

Le *gros plan* désigne une prise réalisée en plaçant la caméra tout près du sujet ou du personnage, ou en zoomant sur celui-ci avec l'objectif.

» L'*insert* permet de mettre l'accent sur un détail d'un objet ou d'une partie d'un sujet déjà visible dans la scène principale, comme les mains d'un acteur ou ce qu'il tient.

L'illustration qui suit présente un insert d'une personne donnant une clé à quelqu'un. L'important, ici, est que le public voie la transmission de l'objet d'un personnage à l'autre.

ASTUCE

L'un des aspects vraiment appréciables dans la réalisation de vidéos est que tu peux combiner différents types de prises au sein d'une scène. En effet, alors que le public d'une pièce de théâtre ne peut voir une prestation que depuis un seul angle, les spectateurs d'un film peuvent visionner tour à tour un plan large, puis un plan moyen de personnages en conversation, et finalement un gros plan, comme s'ils se rapprochaient peu à peu de la scène. Profite de cette formidable opportunité dans tes vidéos.

» Le *gros plan serré* implique une caméra encore plus proche du personnage (à quelques centimètres de son visage !) ou du sujet, ou un zoom avant encore plus important, afin de montrer encore plus d'émotion et de détails. Adopte sans hésiter ce type de plan si tu veux faire sentir à ton public à quel point ton personnage est énervé, voire furieux, car il montrera la colère dans ses yeux.

Quand as-tu intérêt à utiliser un gros plan ? Lorsque tu réalises une vidéo pédagogique ou que tu veux montrer les expressions du visage d'un personnage pour insister sur ce qu'il ressent. D'une manière générale, mieux vaut réaliser un gros plan dès que tu dois faire ressortir certains détails. Par exemple, privilégie l'insert ou le gros plan serré quand tu veux montrer l'objet tenu par un personnage.

MOUVEMENT OU IMMOBILITÉ ?

Savoir comment cadrer ton sujet ne suffit pas : tu dois aussi te demander si tu vas utiliser ta caméra en position fixe ou la déplacer pendant le tournage.

Il est d'ailleurs assez surprenant de constater l'impact que peut avoir même un petit mouvement. En effet, parfois, il suffit de bouger à peine la caméra pour rendre la scène plus intéressante et pour souligner des émotions.

» **Caméra fixe.** Ici, la caméra est figée à un endroit précis et ne bouge pas du tout. Généralement, il faut l'installer sur un trépied pour obtenir un tel immobilisme. (Pour en savoir plus, reporte-toi à l'encadré qui suit, « Un trépied, et plus rien ne bouge… ou presque ! ».) Si tu réalises un tutoriel ou un vlog, tu peux tout à fait utiliser ta webcam qui sera alors en position fixe.

» **Caméra mobile.** Cette fois, tu déplaces la caméra au cours de la prise. Tu peux alors la porter ou l'installer sur un trépied. Si tu filmes ton animal de compagnie en train de faire le pitre, cela peut valoir le coup de le suivre avec un caméscope.

À la longue, filmer toute une vidéo avec une caméra portable et donc mobile peut devenir difficile pour le cameraman. Avant de choisir cette approche, donc, assure-toi que cela correspond bien au style et à l'atmosphère de ta vidéo.

UN TRÉPIED, ET PLUS RIEN NE BOUGE OU PRESQUE !

Un trépied se révèle vraiment idéal pour :

- ne pas bouger pendant la réalisation des prises,
- éviter au cameraman de devoir supporter le poids de son équipement,
- introduire un léger mouvement dans les prises.

J'aime alterner les séquences réalisées avec un trépied et celles où je porte ma caméra, car la vidéo peut ainsi dégager une impression différente. Par exemple, utilise un trépied si tu veux évoquer une scène calme ou un personnage détendu, ou concentrer toute l'attention du public sur les acteurs.

Cela étant, tu *peux* aussi produire un mouvement avec un trépied.

- *Panoramique horizontal* : après avoir positionné ta caméra sur le trépied, fais-la pivoter horizontalement de gauche à droite, ou inversement. N'abuse toutefois pas du panoramique horizontal au sein d'une même séquence, car tu risques de perturber ou d'incommoder ton public. En fait, n'y recours vraiment qu'en cas de besoin, et limite-toi alors absolument à un seul par prise.
- *Panoramique vertical* : une fois ta caméra sur le trépied, fais-la pivoter verticalement, cette fois, de bas en haut, ou inversement. Ce type de plan peut servir au début d'une scène pour *planter le décor* et présenter le lieu de tournage. Mais là encore, pour ne pas indisposer tes spectateurs, ne dépasse pas un panoramique vertical par scène.

Tu trouveras des exemples de ces deux types de prises sur http://youtu.be/98BDY33nVGs.

ENREGISTRE DU SON

Pour enregistrer du son pendant ton tournage, tu dois utiliser un *micro*. Celui-ci identifie tous les bruits, paroles, *etc.*, et les transforme en données capturées par ta caméra. Tu peux utiliser le micro intégré à cette dernière ou brancher un micro externe dessus.

La qualité du son de ta vidéo peut se révéler aussi importante que l'image : si elle est mauvaise, ton public risque de s'énerver, au point même qu'il renonce à regarder ton film.

Même si cela te prend longtemps, fais le nécessaire pour obtenir un son correct, exactement comme tu l'as fait pour l'image. Tu auras ainsi gagné du temps quand tu commenceras ton montage vidéo.

DEMANDE ENCORE PLUS À TA CAMÉRA

Quand tu manques de place pour un micro externe, profite du micro intégré de ta caméra. Il y a quelques années, j'ai filmé un documentaire au Ghana rien qu'avec mon caméscope et son micro intégré. Je ne pouvais absolument pas utiliser un micro externe, puisque je constituais à moi seul l'équipe de tournage et que tout mon équipement devait tenir dans mon bagage à main. Sacré défi, mais l'expérience a été très enrichissante !

Même avec un logiciel dédié, il est très difficile de corriger un son mal enregistré. Et parfois, ce n'est tout bonnement pas faisable ! Si ton son est inaudible ou parasité par du bruit impossible à supprimer, tu dois le réenregistrer.

J'ai dû en arriver là plusieurs fois à cause de bruits que je n'avais pas remarqués lors du filmage. Imagine que le puissant sifflet d'un train retentisse pendant que tes personnages parlent, par exemple : tout sera à refaire !

MICRO INTÉGRÉ

Comme tu seras parfois obligé d'utiliser un micro intégré, voici quelques conseils pour en obtenir le meilleur son qui soit. Car enregistrer un son de qualité avec le micro de ta caméra ne sera pas une mince affaire. Mais les techniques suivantes t'aideront à surmonter les principales difficultés.

ASTUCE

Presque tous les caméscopes et webcams possèdent un micro intégré, mais encore une fois, ce n'est pas idéal pour enregistrer du son, peu importe qu'il s'agisse de dialogues ou d'autres éléments sonores.

APPROCHE-TOI

Parfois, notamment dans le cas d'un plan large, tu ne pourras pas t'approcher du sujet. Essaie alors d'utiliser le son enregistré lors du tournage de la même scène en plan moyen ou en gros plan.

ATTENTION !

Tu peux monter le niveau sonore du micro intégré, mais cela augmentera aussi le volume général et, donc, le bruit de fond.

RÉDUIS LE BRUIT DE LA CAMÉRA

Avec le micro intégré, tu risques d'enregistrer du bruit de la caméra elle-même. Celui-ci peut être généré par les composants électroniques internes, notamment lors de l'utilisation du zoom, mais aussi quand tu appuies sur des boutons, tout simplement.

ASTUCE *Si tu utilises le micro intégré à ta caméra, essaie de ne pas trop bouger tes mains et d'enfoncer le moins de boutons possible lors de l'enregistrement. Installer ta caméra sur un trépied peut t'aider à réduire le bruit, car tu n'auras pas à la tenir, ni même à la toucher pendant l'enregistrement.*

RÉDUIS LE BRUIT DE FOND

Difficile de contrôler le bruit environnant, surtout quand tu filmes dans un lieu public, comme un parc ou une rue. Les metteurs en scène de films à gros budget peuvent se permettre de faire fermer certaines rues, mais pas toi. Enfin… je ne crois pas.

ASTUCE *Avant de commencer à filmer, demande aux personnes qui t'entourent de rester silencieuses quelques minutes, afin que tu puisses entendre les bruits environnants. Demande-leur aussi de ne pas bouger, car même un pas léger peut perturber la prise de son. S'y ajoutent beaucoup d'autres sources de bruit potentielles, comme des téléphones mobiles ou fixes, des voisins bavards, des animaux, des horloges ou la circulation routière.*

Tu ne seras pas confronté à ce genre de problèmes, ou dans une bien moindre mesure, si tu réalises un vlog ou une critique dans ta chambre. Là, tu n'auras, pour ainsi dire, qu'à demander aux autres personnes dans la maison de ne pas faire de bruit pendant ton tournage.

MICRO EXTERNE

Le son enregistré avec un micro externe est généralement de meilleure qualité que celui obtenu avec un micro intégré, car tu peux installer ta caméra à un endroit, puis te rapprocher rapidement tout près du sujet ou du personnage pour enregistrer le son. En procédant ainsi, tu réduis aussi le bruit de fond.

Pour utiliser un micro externe lors du tournage, demande à un tiers d'être ton *opérateur son* (ou *perchman*), et donc de tenir le micro et de veiller à la qualité du son pendant que tu filmes.

Le micro externe est généralement fixé au bout d'une *perche*, ce qui permet à l'opérateur de le placer tout près du sujet ou de l'acteur sans figurer lui-même dans le champ de la caméra.

ATTENTION !

L'opérateur son doit être capable de tenir la perche longtemps à la même hauteur. Car s'il faiblit et baisse un peu les bras, le micro risque d'apparaître dans le cadre.

Demande à ton opérateur son de ne pas bouger ses mains pendant le tournage quand il tient la perche, car le micro risque de capter le moindre tapotement ou mouvement de celle-ci.

Certaines caméras vidéo possèdent un boîtier équipé d'une prise qui permet de brancher un micro externe. Il peut s'agir d'une miniprise jack ou d'un connecteur XLR.

Quand tu enregistres avec un micro externe, essaie de suivre les conseils suivants, et tu devrais obtenir un très bon résultat !

POINTE LE MICRO DANS LA DIRECTION DU SON

Généralement, les micros externes sont *directionnels*, ce qui signifie qu'ils prennent le son juste devant eux, mais pas sur les côtés, ni derrière. Cela permet de limiter le bruit de fond.

RAPPEL

Quand tu utilises un micro externe, tu dois absolument le pointer vers la source du son à enregistrer, car si tu le détournes du centre de l'action, tu ne captureras pas le son escompté.

POSITIONNE LE MICRO CORRECTEMENT

Un micro externe peut être placé *au-dessus* ou *au-dessous* du sujet. La position idéale dépend de ce que tu filmes.

- **En l'air.** Le plus souvent, le micro est placé au-dessus de la scène. Cela convient tout particulièrement aux plans larges et évite les bruits parasites, produits par les mains ou les pieds des acteurs.
- **En bas.** Il est fréquent d'enregistrer le son avec le micro placé dans la partie inférieure de la scène lors de tournages en plan moyen ou en gros plan. Choisis aussi cette position quand tu manques de place au-dessus des acteurs ou que tu dois protéger le micro d'un vent fort.

NE LAISSE PAS TOMBER LA PERCHE PENDANT LE TOURNAGE

Au fur et à mesure que les minutes passent, une perche avec un micro au bout peut finir par sembler lourde, surtout si la scène dure longtemps. Il arrive alors que l'opérateur fatigue et que le micro se retrouve brusquement dans le champ de la caméra, obligeant à arrêter le tournage.

ASTUCE

Avant de publier ta vidéo, examine bien chaque plan pour être sûr qu'aucun d'eux n'inclut le moindre petit morceau de micro !

Pour que le micro n'apparaisse pas dans le champ, accorde une pause à l'opérateur son entre chaque prise. Pour se soulager, il lui suffit d'appuyer la base de la perche sur le sol.

ATTENTION !

Ne pose surtout pas le micro sur le sol, car tu l'abîmerais.

UTILISE UN MICRO POUR LES DIALOGUES

Pour que les dialogues soient correctement enregistrés, place le micro aussi près que possible de l'acteur, en veillant toujours à le garder hors du champ, et oriente-le dans la direction du son.

Si tu entends le moindre son dérangeant dans le casque pendant que tu filmes, comme un avion, le vent ou une voiture, arrête aussitôt le tournage, attends que le silence revienne, et recommence la prise.

Pour entendre les bruits indésirables, le mieux est de porter un casque, car sans lui, tu risques de ne remarquer ces sons gênants qu'après avoir importé ta vidéo dans un logiciel de retouche. Or, si un bruit de fond est présent dans une séquence mais pas dans la suivante, cela produira des irrégularités dans le film que ton public ne manquera pas de remarquer.

Ces quelques conseils t'aideront à éviter les bruits indésirables lors du filmage.

» **Arrête tout système de climatisation ou ventilateur.** Les micros captent parfois des bruits totalement inaudibles pour toi-même avec un casque.

» **Vérifie que tout le monde a coupé son mobile.** En cas d'appel téléphonique pendant une prise, aucun rattrapage possible : tu dois absolument arrêter le tournage. Mais méfie-toi, car même s'il ne sonne pas, un mobile qui cherche un signal peut interférer avec ta caméra et générer du bruit.

» **N'oriente pas le micro dans la direction d'un bruit de fond manifeste,** comme une rue, une chute d'eau ou une fontaine. Là encore, ces sons risquent d'être très audibles dans ta vidéo finale et d'empêcher le public de bien entendre les dialogues.

» **Ne filme pas dans des pièces vides,** car tu obtiendras de nombreux échos dans l'enregistrement final. Bien sûr, s'il s'agit de l'*effet recherché*, oublie ce conseil ! Dans le cas contraire, tu peux atténuer le son en accrochant des couvertures aux murs.

DOMPTE LE VENT

Lors des tournages en extérieur, le vent pose souvent problème aux opérateurs son. Et je ne parle pas d'un *petit souffle* de rien du tout, mais d'un vrai vent qui décoiffe !

Quand tu filmes dehors, le micro peut capter le bruit du vent et rendre par là même ton dialogue inaudible. Pour évaluer ce risque, amuse-toi à souffler doucement sur le micro de ta caméra tout en écoutant le résultat dans ton casque : tu détesteras à coup sûr !

Le bruit du vent ne peut être réellement perçu qu'en contrôlant le son avec un casque au cours du tournage.

Si tu entends le bruit du vent pendant que tu filmes, tu dois absolument utiliser une *bonnette*, c'est-à-dire une protection en fourrure que tu places sur le micro pour le protéger de ce souffle indésirable. (En regardant les photos qui suivent, tu comprendras pourquoi on les surnomme parfois des *chats morts*.) Cela vaut également pour les micros intégrés des caméras vidéo : cherche simplement un modèle adapté.

Il existe différents types de bonnettes pour micros externes.

Sans elles, ces micros apparaissent beaucoup plus nus.

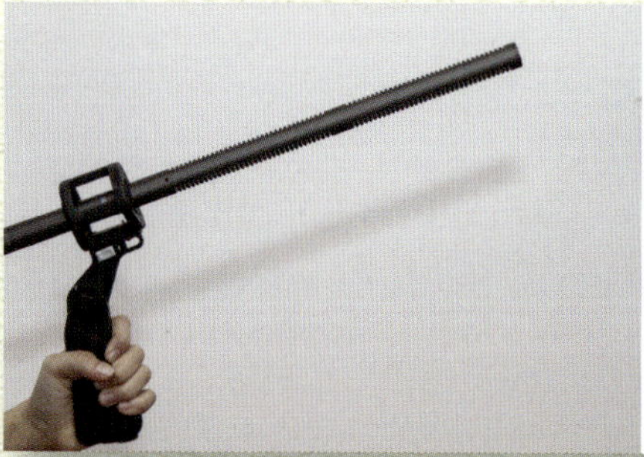

Si le bruit persiste malgré ces précautions, essaie d'enregistrer depuis le bas de la scène ou de former une barrière entre le vent et le micro.

CONTRÔLE LE SON

Écouter le son enregistré *pendant* le tournage consiste à le *contrôler*, alors que l'écouter au moment de visionner la séquence *après* le filmage consiste à le *vérifier*.

Quel que soit le type de micro que tu utilises, fais vraiment attention à la qualité du son : il est important de la contrôler *et de la vérifier pour t'assurer que tu n'as enregistré aucun bruit indésirable et qu'il n'y a aucun problème d'un autre ordre.*

Pour accomplir ces deux tâches, l'idéal est de brancher un casque sur ta caméra ou sur ton enregistreur. Voire, le fin du fin, de demander à quelqu'un d'écouter et de contrôler le son pendant l'enregistrement. Ainsi, tu pourras gérer et éliminer les bruits gênants.

La plupart des caméscopes possèdent un *modulomètre* qui te permet d'apprécier le niveau sonore et qui indique même celui-ci sur l'écran LCD de ton appareil. Tu peux t'en servir pour vérifier le volume avant de commencer à filmer et t'assurer ainsi qu'il n'est ni trop élevé (ce qui déformerait le son) ni trop faible (ce qui rendrait les dialogues inaudibles).

Certains caméscopes permettent d'ajuster le volume du micro, tandis que d'autres le font automatiquement. Dans les deux cas, veille à contrôler le niveau sonore avant et pendant le filmage.

Avant de tourner, demande à tes acteurs de prononcer un extrait de leur texte avec la même voix que lorsqu'ils seront réellement filmés. Il ne faut pas que les barres indicatrices soient en permanence dans les niveaux maximaux, *c'est-à-dire que le modulomètre se mette au rouge : car alors, cela signifie que le niveau sonore est trop élevé.*

Modulomètre à son maximum : danger !

À l'inverse, quand le niveau sonore est trop bas, les barres ne sont pas assez « remplies ».

Si ta caméra n'intègre pas de modulomètre, ne t'en fais pas : tu peux toujours te contenter d'écouter pour savoir si le volume est trop élevé ou trop bas. Branche un casque sur ta caméra et écoute les dialogues. Si les paroles sont déformées et difficilement supportables, cela veut dire que le son est trop fort. À l'inverse, si tu as beaucoup de mal à entendre les dialogues, augmente le volume du micro, approche celui-ci de l'acteur ou demande à la personne de parler plus fort.

CONTRÔLE L'ÉCLAIRAGE

L'éclairage constitue un aspect très important de ta vidéo YouTube. Bien sûr, il doit y avoir assez de lumière pour que ton public voie ce que tu as filmé. Mais tu peux aussi profiter de l'éclairage pour créer une atmosphère particulière ou susciter certaines émotions chez les spectateurs. Par exemple, il est possible de rendre une scène angoissante ou triste en jouant avec l'obscurité.

Les caméras vidéo requièrent plus de lumière que tes yeux. C'est pourquoi la plupart des réalisateurs de films utilisent des sources lumineuses supplémentaires pour éclairer les acteurs.

UTILISE LA LUMIÈRE NATURELLE

Acheter des lumières pour un tournage peut se révéler coûteux. Cela étant, ne t'inquiète pas, car tu disposes du plus grand et du plus puissant éclairage qui soit, totalement gratuit : le soleil ! Il est capable d'illuminer réellement une scène (bien sûr, seulement pendant une partie de la journée...).

Méfie-toi simplement quand le ciel est tout bleu ou qu'il y a juste quelques nuages, car certes, tu bénéficies d'une lumière directe, mais généralement, elle produit plus d'ombres autour du sujet ou des acteurs. Par ailleurs, si les personnes regardent le soleil, elles risquent de cligner des yeux. Dans le pire des cas, cela peut même leur brûler la rétine.

Tu peux éviter certaines ombres grâce à un réflecteur *qui renverra de la lumière dans les zones sombres. Beaucoup de photographes recourent à ce dispositif. Peut-être en as-tu d'ailleurs déjà vu lors de photos de classe, par exemple.*

Il est toujours possible d'acheter un réflecteur, bien sûr, mais souvent, tu peux te contenter des moyens à ta disposition. En l'occurrence, n'importe quel objet doté d'une grande surface blanche peut faire l'affaire, comme un panneau de polystyrène ou de carton. Oriente ensuite le réflecteur vers le sujet ou l'acteur, de façon que la surface blanche renvoie les rayons du soleil.

Ne filme pas tes acteurs avec le soleil derrière eux. Tu obtiendrais une scène très ombragée, avec de surcroît un risque de facteur de flare : ce phénomène se traduit par des sortes de halos ou de traînées lumineuses à divers endroits de la prise de vue. Parfois, cet effet est voulu et/ou produit un résultat génial, mais il fait aussi ressortir la moindre saleté ou tache sur l'objectif de la caméra.

Pour échapper plus facilement aux problèmes d'ombres et de facteur de flare, essaie de tourner lors d'une journée un peu nuageuse.

Tu peux profiter de la lumière du jour pour éclairer des scènes d'intérieur, du moment que la pièce possède des baies vitrées. Attention, toutefois, car si cette lumière ne passe que par une seule fenêtre, cela peut générer des ombres au niveau du sujet ou des acteurs ; pour pallier ce risque, allume une lampe dans la pièce ou ajoute une autre source de lumière.

AJOUTE DES SOURCES DE LUMIÈRE

Partout où tu filmes sans la lumière du jour, tu dois utiliser des sources lumineuses complémentaires. Si tu tournes une scène sombre alors que ta caméra fonctionne en mode automatique, tu obtiendras une image de mauvaise qualité, avec du *bruit*, c'est-à-dire plein de petits points (ce que l'on appelait le *grain* du temps de l'argentique).

Cet effet convient à certains clichés, mais quand il n'est pas souhaité, il gâche ta vidéo.

ASTUCE

Même si tu cherches à produire une apparence granuleuse, mieux vaut éclairer ta scène aussi bien que possible et ajouter cet effet ensuite, dans un logiciel de retouche.

Si tu filmes un vlog ou une critique avec ta webcam en intérieur, il te faudra parfois ajouter des sources de lumière. Les lampes professionnelles coûtent d'ordinaire assez cher, mais heureusement, souvent, tu pourras te contenter des lampes déjà en ta possession.

ASTUCE

Évite de déplacer des lampes chez toi sans l'accord préalable de tes parents ou de tout autre adulte présent. Mais en leur demandant l'autorisation, pourquoi n'en profiterais-tu pas pour solliciter leur aide ?

Je ne possédais aucune lampe professionnelle quand j'ai commencé à réaliser des films, donc j'utilisais des lampes de bureau. Super pour les gros plans, elles étaient néanmoins souvent insuffisantes pour les plans larges. Mais la plupart du temps, les deux types de lampes suivants te suffiront amplement.

- **Les lampes LED.** Pas besoin de casser ta tirelire pour acheter de telles lumières. Autre avantage : elles sont très *brillantes* et produisent une lumière très vive. J'utilise des lampes LED fixées sur ma caméra et alimentées par des piles AA. Comme elles sont petites et légères, je les emporte même parfois quand je tourne en extérieur.

- **Les baladeuses halogènes.** Si tu souhaites en acheter une, rends-toi dans une quincaillerie : tu paieras beaucoup moins cher que pour un équipement professionnel.

Les baladeuses halogènes chauffent lors de leur utilisation : donc laisse-les refroidir avant de les déplacer. Par ailleurs, comme elles consomment beaucoup, demande de préférence à un adulte de t'aider à les installer.

Pour l'éclairage de ta vidéo YouTube, tu dois d'abord et avant tout veiller à préserver l'apparence naturelle de chaque prise. Si la scène que tu vois dans ton viseur a le moindre côté artificiel, cela signifie que quelque chose ne va pas. Regarde alternativement ton sujet ou tes acteurs au travers du viseur et sans celui-ci : eux comme toi doivent se présenter à l'identique dans les deux cas.

Si tu réalises un vlog, une critique ou un tutoriel, t'éclairer avec une lampe de bureau suffira souvent largement pour obtenir une super prise. Pour les courts-métrages et les gags que tu tournes dans la maison ou dehors, tu pourras parfois te contenter de la lumière ambiante.

Quand tu réfléchis à l'éclairage de ta vidéo, garde bien les points suivants à l'esprit.

- **Prises surexposées.** Une prise est *surexposée* lorsqu'elle est trop claire, au point que certaines zones en deviennent blanches, dénuées de tout détail. C'est, par exemple, le cas sur le visage du garçon dans la photo de la page suivante. À certains endroits, sa peau apparaît toute blanche et décolorée ; aucun détail n'est visible, et tu auras toutes les peines du monde à en recréer dans un logiciel (et encore, si tu y parviens !).

  La surexposition résulte soit d'un excès de lumière sur ton sujet ou dans la scène, soit d'une ouverture excessive de l'iris de ta caméra ou, encore, d'une valeur insuffisante pour l'ouverture de diaphragme. Mais tu peux l'éviter en atténuant l'éclairage ou en augmentant la valeur f (et en réduisant donc l'ouverture du diaphragme).

» **Prises sous-exposées.** Une prise est *sous-exposée* quand elle est trop sombre. Certaines zones de ton sujet ou de tes acteurs peuvent alors devenir invisibles : seule une partie de leur visage apparaît et, aux autres endroits, tu ne peux discerner aucun détail. Une sous-exposition se corrige assez bien avec un logiciel de retouche, mais ce n'est jamais bon de trop augmenter la luminosité, car cela affecte généralement les couleurs et génère du bruit.

» **Éclairage trois points.** Cette technique d'éclairage fréquente au cinéma et à la télévision repose sur trois sources lumineuses, disposées autour du sujet ou des acteurs, dans une configuration semblable à celle-ci.

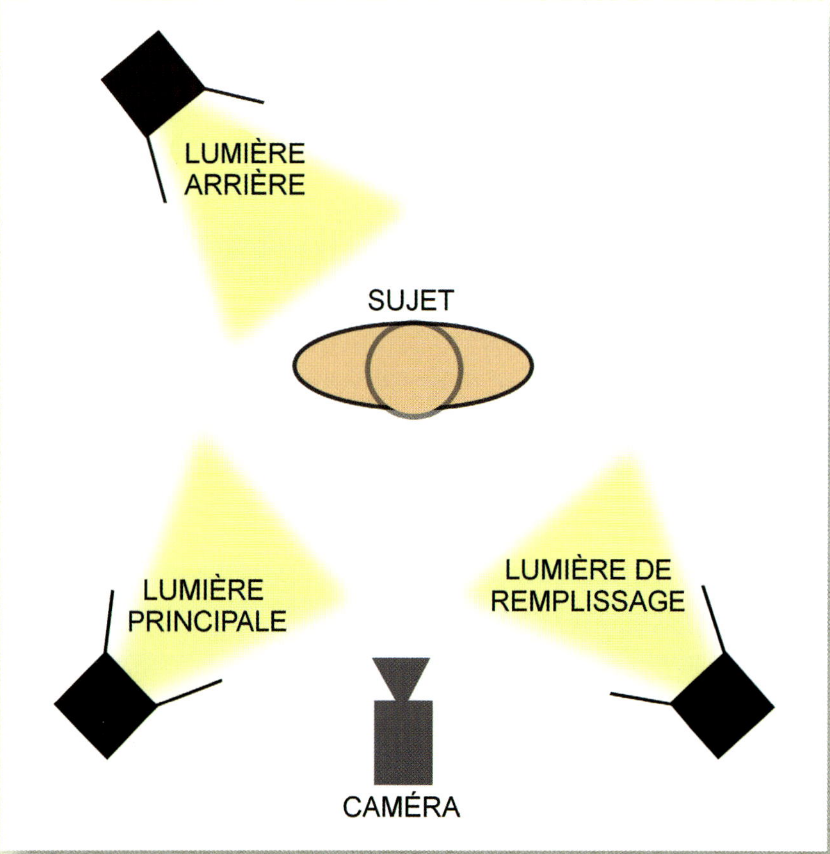

» La *lumière principale* (parfois appelée *lumière clé*) peut se trouver de n'importe quel côté du sujet ; c'est elle qui l'éclaire le plus, mais d'un seul côté de son visage. (Dans la photo suivante, elle est assurée par une simple lampe que j'ai ajoutée.)

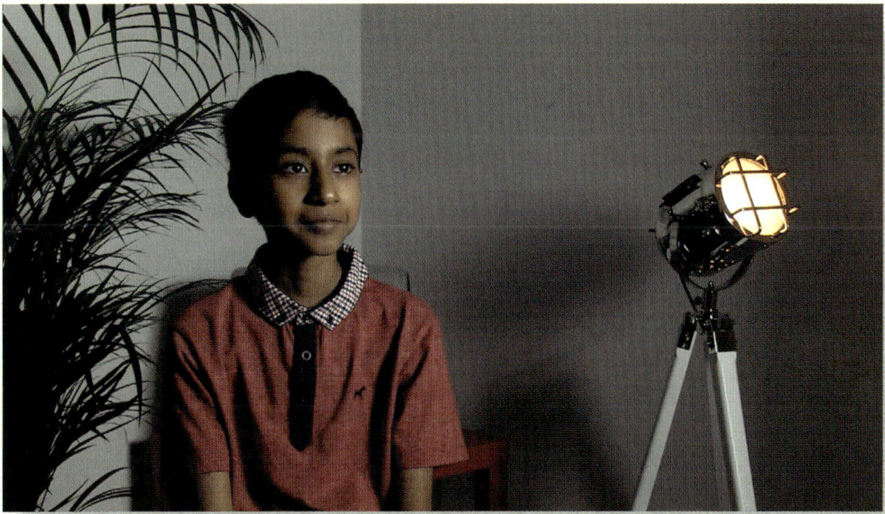

» Place la *lumière de remplissage* (ou *lumière secondaire*) du côté opposé à la lumière principale. L'éclairage supplémentaire ainsi assuré réduira les ombres sur le visage. Règle sa luminosité à un niveau un peu inférieur à celui de la lumière principale.

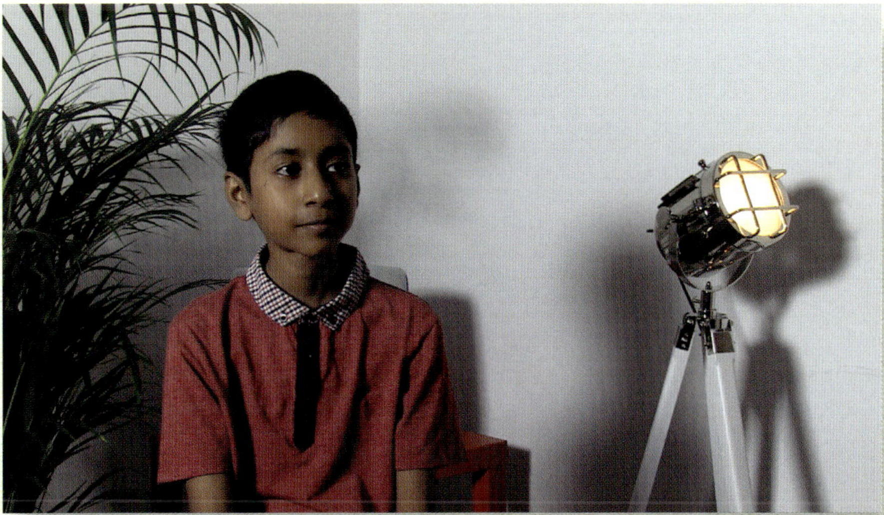

» La *lumière arrière* (ou *contre-jour*) se trouve derrière le sujet, en position latérale. Elle peut sembler inutile, mais en fait, elle éclaire autour de la tête et permet ainsi de mieux dissocier le sujet de l'arrière-plan.

» Pour mettre toutes les chances de ton côté, utilise les *trois lumières simultanément*.

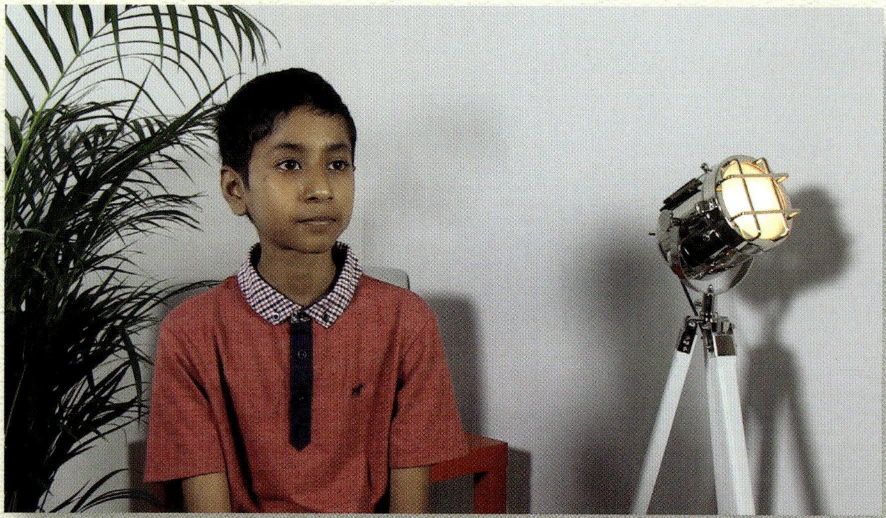

» **Lumière réfléchie.** Il s'agit là de ma technique préférée, car c'est celle qui assure l'éclairage le plus naturel. En effet, ici, le sujet est éclairé par la lumière que renvoient les murs, le plafond et les réflecteurs. Alors qu'une lumière directe risque de produire des ombres derrière le sujet ou d'éclairer exagérément un visage, une *lumière réfléchie* diffuse harmonieusement la lumière dans la pièce.

ASTUCE

Si tu manques de sources lumineuses dans ta pièce, tu peux utiliser une simple feuille d'aluminium pour réfléchir la lumière. Tu peux même en recouvrir un carton pour fabriquer ton propre réflecteur !

Il m'arrive d'utiliser à la fois une lumière réfléchie et une lumière directe pour produire un reflet dans les yeux du sujet et ainsi dynamiser l'image.

Pour créer un reflet dans les yeux de ton acteur, tu peux combiner une lumière principale et une lumière réfléchie.

VOUS AVEZ DIT OUVERTURE ?

L'*ouverture de diaphragme* correspond au trou de l'objectif au travers duquel passe la lumière. Elle est contrôlée par l'*iris*, bague située dans l'objectif qui s'ouvre et se ferme pour laisser entrer plus ou moins de lumière. Plus le nombre f est faible, plus le trou est grand, et plus la quantité de lumière qui pénètre dans l'objectif est importante. La plupart des caméscopes et des webcams possèdent une fonction auto-iris qui mesure la quantité de lumière dans la scène et adaptent l'ouverture de diaphragme en conséquence. Sur certaines caméras vidéo, néanmoins, tu peux changer l'ouverture manuellement : consulte le mode d'emploi de la tienne pour savoir si elle te permet ce réglage.

RÉUSSIS TA MISE EN SCÈNE

Le *metteur en scène* travaille avec les acteurs et le public pour obtenir le meilleur de chacun et veiller à ce qu'ils agissent dans le respect du scénario défini.

Trois grands principes te permettront de bien assurer ce rôle.

» **Sois un bon communicant.** En principe, le metteur en scène a en tête une idée précise de ce à quoi son film ressemblera au final. C'est donc à toi qu'il incombe de transmettre cette idée à ton équipe de tournage et à tes acteurs. Pour cela, il faut que tu saches bien communiquer et expliquer tes souhaits et tes exigences.

» **Aie confiance en toi.** Le metteur en scène doit croire en ce qu'il fait, car l'équipe de tournage et les acteurs ont besoin de sentir sa conviction pour lui faire confiance. Sache prendre les décisions qui s'imposent : tu dois pouvoir faire rejouer une scène qui ne te convient pas et, si besoin, en tourner plus que prévu au départ. J'ai gaspillé beaucoup trop de temps à me demander si je devais ou non filmer ceci ou cela. Au lieu de m'interroger, j'aurais dû tourner, tout simplement.

» **Fais attention aux détails.** Le metteur en scène ne doit pas négliger les détails d'une scène, même s'ils paraissent dérisoires. Penses-y, malgré tout ce que tu dois déjà gérer en même temps, notamment surveiller les acteurs, contrôler les actions de l'opérateur vidéo et écouter les dialogues.

En tant que metteur en scène, disposer des éléments suivants pendant que tu filmes te sera très utile.

» **Un écran de contrôle.** Souvent, pour bien visualiser le tournage en cours, le metteur en scène regarde celle-ci sur un écran TV branché sur la caméra.

Mais ne t'en fais pas si tu n'en possèdes pas : tu peux sans problème diriger la scène à partir de l'écran de ta caméra.

Il est plus facile de regarder une scène sur un écran, car généralement, ce que voit la caméra diffère de ce que tu vois en observant la scène directement. Aussi étrange que celui puisse paraître, la prestation de tes acteurs peut également prendre une tout autre tournure au travers de l'œil de ta caméra.

» **Un scénario.** Tu as tout à gagner en ayant ton scénario avec toi. Cela te permet notamment de vérifier les dialogues et de savoir à tout moment où tu en es dans le déroulement de l'histoire. N'hésite pas non plus à faire comme moi et à annoter ton script pour te rappeler des choses à filmer ou des accessoires ou costumes indispensables pour certaines prises.

» **Un storyboard ou une liste des prises.** Ce document te permet de contrôler la succession des prises réalisées et de celles à venir. Je me reporte beaucoup à la mienne. J'y raye les scènes tournées, planifie les autres et vois au fil de la journée si nous sommes dans les temps.

Pendant ta mise en scène, essaie d'anticiper les modifications et le montage à venir. Place chaque prise filmée dans une chronologie virtuelle pour visualiser en pensées leur agencement ultérieur. Cela t'aidera beaucoup et te permettra notamment d'identifier celles que tu aurais manquées ou des prises ou angles supplémentaires à tester. Visualise dans ta tête le scénario en train de prendre forme : est-ce qu'il tient la route ? Dois-tu changer quelque chose ?

RAPPEL

À ce stade, tu te demandes peut-être si tu seras à la hauteur tant il y a de choses à penser pour la mise en scène d'une vidéo YouTube : ne t'inquiète pas ! Tu apprendras au fur et à mesure, et tous les principes que je viens d'énoncer deviendront bientôt des automatismes. Et si tu es comme moi, même après plusieurs années de pratique, tu apprendras encore des choses !

DIRIGE TES ACTEURS

Le metteur en scène travaille avec ses acteurs pour les aider à bien incarner les personnages que le scénariste avait en tête. Comme ils ne peuvent pas se voir ni visualiser leur performance, le metteur en scène les conseille sur la manière d'exprimer leurs émotions et de dire leurs dialogues.

ATTENTION !

Sois un metteur en scène cool. Ne te montre pas sévère ni désagréable envers tes acteurs : tu risquerais de te retrouver seul à la fin du tournage.

C'EST BON, J'AI COMPRIS !

À mes débuts, je filmais des jours entiers sans vérifier les prises après chaque scène. Du coup, quand j'importais les séquences sur mon ordinateur, je découvrais parfois *a posteriori* des problèmes avec la caméra et des prises décevantes. Il m'est même arrivé de ne pouvoir utiliser aucune des séquences tournées dans la journée !

Je devais donc tout réorganiser pour un autre jour, reconvoquer les acteurs et l'équipe de tournage, et leur offrir à déjeuner pour me faire pardonner. Je n'agirai plus jamais ainsi. Désormais, je vérifie *systématiquement* les prises au moins après chaque scène.

DIRIGE TON ÉQUIPE DE TOURNAGE

En tant que metteur en scène, il est important que tu saches comment fonctionne la caméra et comment filmer les différents types de prises présentés plus tôt dans ce chapitre. Cela te permettra d'expliquer plus facilement aux membres de ton équipe de tournage ce que tu attends d'eux pour obtenir la scène souhaitée.

Tu dois choisir un type de prise qui souligne l'émotion qu'est censée dégager la scène. Par exemple, lequel adopterais-tu pour faire ressortir la peur sur le visage d'un acteur ? Un gros plan, bien sûr !

UTILISE DES ASTUCES DE TOURNAGE

L'aventure commence à devenir vraiment passionnante quand tu es sur le point de débuter le tournage. Après avoir établi ton scénario et la liste des prises, tu peux réunir les moyens matériels et humains dont tu as besoin, et te lancer enfin.

Avant, lis simplement les conseils suivants pour mettre toutes les chances de ton côté.

ÉVITE LES RUPTURES DE CONTINUITÉ

As-tu déjà remarqué des incohérences entre différentes scènes dans certains films, comme l'acteur qui saisit un objet de la main gauche dans une prise, mais le tient dans la main droite à la suivante ? Ou un verre de jus de fruits à moitié plein dans une prise qui se retrouve soudain presque vide dans la suivante ? Tout cela constitue des ruptures de continuité.

Il y a rupture de continuité *quand un élément d'une scène, comme un accessoire ou un acteur, change entre deux prises.*

Les réalisateurs des films à gros budget embauchent généralement une personne chargée d'éviter de telles incohérences, mais parfois, il s'en produit malgré tout. Pour limiter ce risque au maximum, demande à ton équipe de tournage et à tes acteurs de vérifier, eux aussi, qu'il n'y a pas de rupture de continuité.

La prochaine fois que tu regarderas un film, traque ce genre d'erreurs. Mais surtout, ne dis rien aux autres spectateurs : tu gâcherais leur plaisir et, à la longue, tu finirais seul devant ton écran de cinéma ou ta télévision, comme moi !

RÉALISE TOUJOURS UNE PRISE DE PLUS

Tu seras sans doute amené à tourner une même scène plusieurs fois : il est rare d'obtenir la bonne prise du premier coup, à moins d'avoir des acteurs et une équipe de tournage parfaits (mais c'est bien connu, la perfection n'existe pas !).

Une *prise* correspond à une action enregistrée dans une scène. Elle débute quand le cameraman appuie sur le bouton Enregistrer et se termine lorsqu'il enfonce le bouton Stop.

Après avoir réussi une prise, tu peux passer à la suivante de ta liste ou en réaliser une de plus par sécurité. Opte pour la seconde solution. Tes acteurs feront peut-être une prestation encore meilleure, et si la prise initiale contenait une erreur qui t'a échappé, tu auras une prise de secours.

Je te recommande tout particulièrement d'enregistrer plusieurs prises quand tu tournes un vlog, une critique ou un tutoriel, afin de pouvoir ensuite ne retenir que la meilleure.

NE FILME PAS DANS L'ORDRE CHRONOLOGIQUE

Pour la plupart des films, les séquences sont tournées dans le *désordre*. S'affranchir ainsi de la contrainte chronologique facilite le travail du metteur en scène.

Par exemple, si tu filmes ton chat, tu préféreras sans doute réaliser d'abord toutes les prises où il apparaît, et enregistrer ton introduction seulement après. Ou, si tu expliques une danse, tu souhaiteras sans doute te filmer en pleine action avant d'expliquer les différents pas et gestes à ton public : prof de junk, par exemple, ça le fait, non ?

VÉRIFIE TES PRISES

Il ne faut surtout pas qu'en fin de journée, après avoir importé ton enregistrement vidéo, tu détectes des problèmes qui le rendent inutilisable. Crois-moi, c'est une expérience détestable.

Prends absolument très vite l'habitude de contrôler ta séquence après chaque prise ou scène filmée.

Voici au moins trois points qui justifient de vérifier tes prises.

- **Des problèmes techniques.** Ta caméra peut tout à fait connaître un dysfonctionnement qui gâche tout, mais passe pourtant inaperçu lors du tournage. Une saleté sur l'objectif, par exemple, et c'est fichu ! Car je t'assure que ce genre de défaut crève les yeux quand tu visionnes la vidéo sur un grand écran ou que tu l'importes sur un ordinateur.
- **Une rupture de continuité et des erreurs ponctuelles.** Certains ratés peuvent t'échapper lors du tournage, comme un acteur qui bute sur un mot ou un élément qui n'aurait pas dû apparaître dans le cliché.
- **Des prises oubliées.** Parcourir rapidement toutes tes prises en fin de tournage est un excellent moyen de vérifier une seconde fois que tu as bien filmé toutes les scènes prévues dans ton scénario.

ATTENTION !

Il est très facile d'oublier une prise lors d'un tournage et de se retrouver alors face à de sérieux problèmes lors du montage. Donc assure-toi bien d'avoir respecté ta liste des plans.

Contrôler les séquences tournées est un peu plus compliqué si ta caméra enregistre sur une bande, et non sur une carte mémoire.

ATTENTION !

Après avoir visionné les prises stockées sur ta bande, assure-toi de bien lire celle-ci jusqu'à la dernière prise. Sinon, tu risques d'enregistrer une nouvelle scène sur une existante. Pour ne pas en arriver là, l'idéal est d'enregistrer un espace vide à la fin de chaque scène.

Par *espace vide*, j'entends juste quelques petites secondes de vidéo sans rien d'enregistré. Tu peux les tourner avec le cache de l'objectif en place, par exemple. Pense juste à le retirer avant de filmer la prise d'après !

PROJET 3 LE MONTAGE

LA PHASE DE MONTAGE CONSTITUE LA CERISE SUR LE GÂTEAU. Car c'est au cours de cette étape que tu visualises toutes tes prises dans leur ensemble et que tu peux apprécier l'amélioration apportée au résultat final grâce aux effets ajoutés.

Dans ce chapitre, je t'expliquerai comment importer tes prises sur un ordinateur, les couper et les monter chronologiquement avec des transitions sympas, puis exporter le tout en vue d'une publication sur YouTube.

CHOISIS UN LOGICIEL DE MONTAGE

Il existe des tas de logiciels de montage. Bien sûr, tous ne proposent pas les mêmes effets et ne fonctionnent pas exactement pareil, mais leurs fonctions de base restent identiques.

Chacun t'offre au moins les possibilités suivantes :

- importer ou télécharger tes séquences depuis ta caméra ou ta carte mémoire sur ton ordinateur,
- couper et agencer tes prises dans une table de montage séquentiel (ou encore *timeline*),
- ajouter des transitions,
- exporter le contenu de la table de montage en vidéo finalisée et exploitable.

Ce chapitre traitera chacune de ces étapes avec deux programmes distincts : iMovie (logiciel pour Mac) et Movie Maker (logiciel conçu pour les PC Windows). Ainsi, quel que soit ton équipement, tu sauras comment procéder !

- Si tu possèdes déjà un Mac depuis quelque temps, tu peux acheter iMovie sur l'App Store pour une quinzaine d'euros. Mais si tu viens de t'offrir un nouveau Mac, tu n'auras rien à payer : normalement, la page d'iMovie sur l'App Store te propose une option pour un téléchargement gratuit.

» Si tu possèdes un autre type d'ordinateur (Dell, HP, peu importe) équipé de Windows, l'idéal est d'utiliser Movie Maker. Si ce logiciel n'est pas déjà installé, tu peux le télécharger gratuitement depuis le site http://windows.microsoft.com/fr-FR/windows/get-movie-maker-download en tant que composant de la suite Windows Essentials.

Il existe bien d'autres logiciels de montage avec des effets plus surprenants et des fonctionnalités plus poussées, mais les deux cités à l'instant te suffiront largement pour produire tes premières vidéos YouTube. Au mieux, ils ne te coûteront rien et, au pire, juste une somme très modique.

Dans un premier temps, je t'expliquerai comment monter ton film dans iMovie. Ensuite, je ferai de même dans Movie Maker. Donc si tu possèdes un PC Windows, passe directement à la section qui t'intéresse.

CRÉE UN NOUVEL ÉVÉNEMENT DANS IMOVIE

Je filme une nouvelle vidéo presque chaque jour. Si je les avais toutes stockées dans un même dossier, j'aurais donc un mal fou à retrouver des projets ou des clips qui datent un peu.

Avant d'importer des séquences sur ton ordinateur, tu dois créer un nouvel événement : c'est ainsi qu'iMovie gère les vidéos et les projets. Ce système te permet de trouver facilement tes clips et tes montages à chaque ouverture du programme.

RAPPEL

Voici comment créer un nouvel élément où importer ensuite de futures séquences vidéo.

1 **Clique sur l'icône iMovie soit dans le Dock, soit dans le dossier Applications.**

iMovie démarre.

2 **Dans l'écran principal d'iMovie, clique sur le menu Fichier, puis sur Nouvel événement.**

3 **Dans la zone de texte Nom qui apparaît, tape un intitulé pour ta vidéo.**

J'ai choisi Milou, donc l'événement Milou apparaît dans la liste de la bibliothèque iMovie.

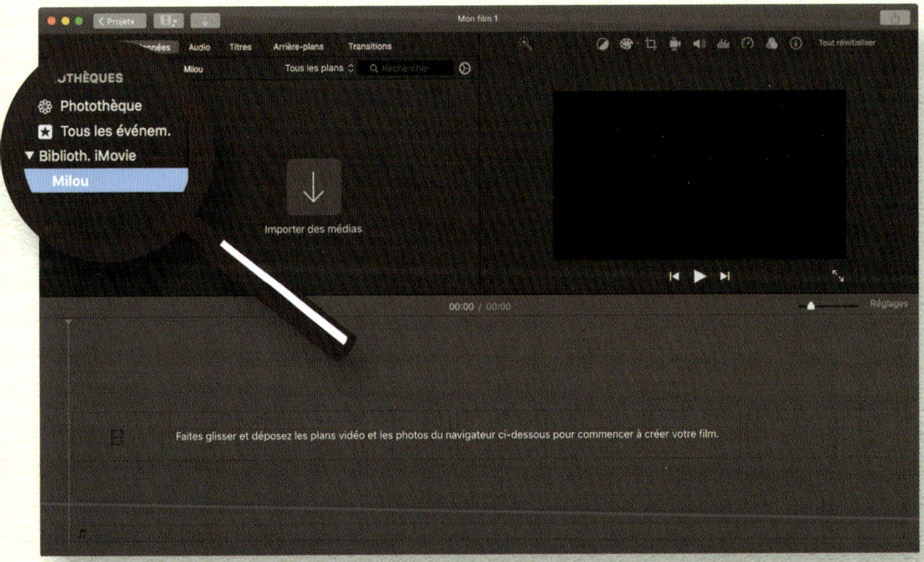

IMPORTE TA SÉQUENCE VIDÉO DANS IMOVIE

Après avoir créé un événement, tu peux y importer tes vidéos ; iMovie les stocke alors dans un dossier sur le disque dur de ton Mac. Cela fait, tu peux débrancher ta caméra ou retirer ta carte mémoire du lecteur de ton ordinateur.

Voici comment importer une séquence dans iMovie.

1 **Avec un câble USB ou FireWire, branche ton appareil (caméra ou autre) sur ton ordinateur.**

Si tu utilises une carte mémoire, insère-la dans le lecteur adapté, intégré à ton ordinateur ou branché sur celui-ci.

La boîte de dialogue Importer s'ouvre automatiquement.

2 **Si la boîte de dialogue Importer n'apparaît pas, clique sur l'icône Importer dans la barre d'outils.**

En principe, ta carte mémoire, ta caméra ou tout autre appareil s'affiche dans le panneau Caméras/Appareils, dans la partie gauche de la fenêtre, comme le montre la prochaine illustration.

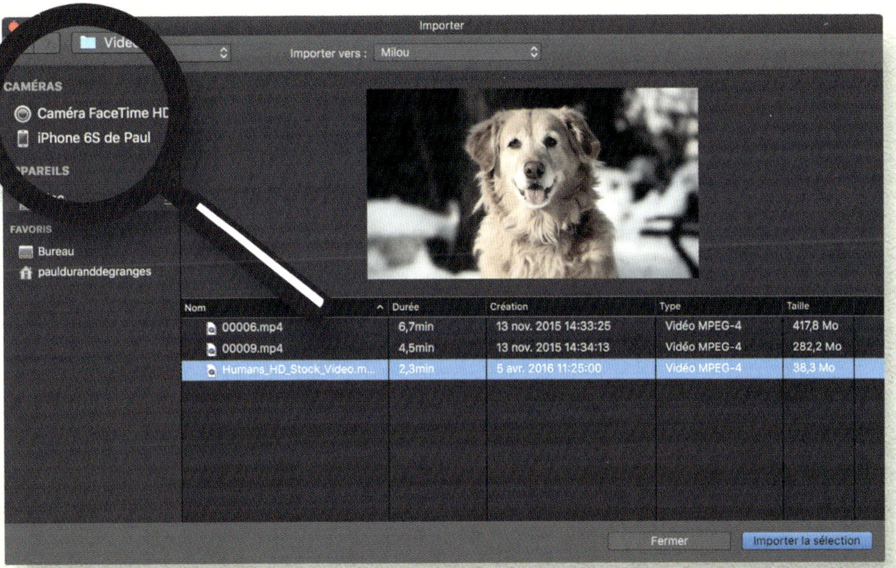

3 Dans le panneau Caméras/Appareils, clique sur ta carte, ta caméra ou tout autre dispositif utilisé.

Normalement, iMovie affiche un aperçu de la première séquence.

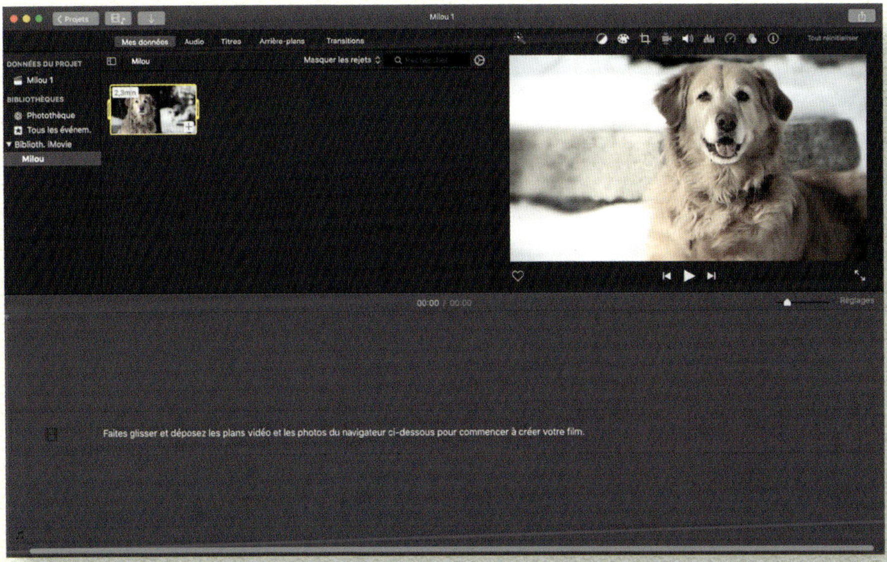

4 **Accomplis toute action spécifique que réclame ta carte mémoire ou l'appareil employé.**

5 **Clique sur le(s) plan(s) à importer.**

6 **Dans l'angle inférieur droit de la fenêtre, clique sur le bouton Importer la sélection.**

ASTUCE *Quand l'importation démarre, la zone correspondante au bas de la fenêtre se ferme automatiquement, et tes plans apparaissent dans la zone des événements.*

ENREGISTRE UNE VIDÉO AVEC TA WEBCAM DANS IMOVIE

Tu peux enregistrer directement dans ton événement iMovie une séquence réalisée avec ta webcam. Suis simplement ces étapes.

1 **Dans la barre d'outils d'iMovie, clique sur l'icône Importer.**

2 **Dans le panneau Caméras/Appareils, clique sur ta webcam.**

Normalement, iMovie affiche un aperçu en direct de ce que filme ta webcam.

3 **Clique sur le bouton d'enregistrement pour démarrer celui-ci.**

4 **Filme ce que tu veux.**

5 **Clique de nouveau sur le bouton au-dessous de la zone d'aperçu pour arrêter l'enregistrement.**

6 **Clique sur le bouton Fermer dans l'angle inférieur droit de la fenêtre.**

La boîte de dialogue Importer se ferme, et le(s) plan(s) que tu viens d'enregistrer s'affiche(nt) avec les autres séquences vidéo dans ton nouvel événement.

CRÉE UNE NOUVELLE TIMELINE DANS IMOVIE

Après avoir importé ta séquence dans ton événement, tu peux la modifier. Seule obligation préalable : créer une *timeline*.

On appelle timeline *ou* projet *la zone où tu fais glisser les séquences à modifier et où tu organises les plans dans l'ordre chronologique.*

Voici comment procéder.

1 Si nécessaire, clique sur le bouton Projets.

La liste des projets doit s'afficher.

2 Clique sur le menu Fichier, puis sur Nouveau film.

Comme le montre la prochaine illustration légendée, ton nouveau projet apparaît dans ton événement, au-dessus de ta séquence vidéo, tandis que sous cette dernière figure la timeline. Le projet est automatiquement nommé Mon Film. En retournant dans la fenêtre des projets, tu verras une fenêtre s'afficher pour nommer le projet.

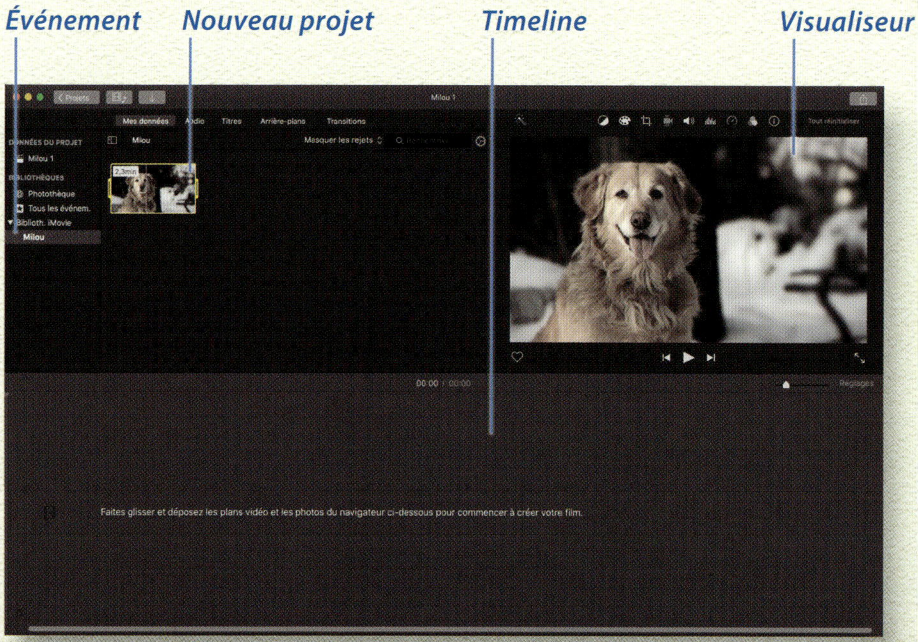

AJOUTE UNE SÉQUENCE VIDÉO À UNE TIMELINE DANS IMOVIE

Sitôt après avoir créé ta timeline, tu peux y ajouter ta séquence vidéo. Par chance, avec iMovie, intégrer ainsi de nouveaux plans et les réordonner ensuite est un jeu d'enfant.

Lors de l'enregistrement de ta séquence, tu inclus généralement quelques secondes ou minutes au début et à la fin de chaque plan que tu ne souhaites pas conserver ensuite, notamment parce qu'elles incluent des éléments annexes à la scène tournée ; par exemple, il peut s'agir des instructions que le metteur en scène adresse aux acteurs.

ASTUCE

Lors du montage, mieux vaut garder ton scénario et/ou ta liste des prises avec toi. Cela te permettra d'agencer les plans dans le bon ordre et de vérifier qu'il n'en manque aucun.

Pour découper et supprimer des parties inutiles d'une séquence ajoutée à ta timeline, accomplis les étapes suivantes.

1 **Vérifie que tu as bien ouvert la timeline de ton nouveau projet.**

2 **Pointe le premier plan que tu veux utiliser.**

Parmi les plans susceptibles de commencer ta vidéo d'après ta liste des prises, choisis le meilleur.

ASTUCE

Quand le pointeur survole ta séquence, la fenêtre du Visualiseur en donne un aperçu. Tout en appuyant sur la touche R, clique sur l'endroit du plan qui devra correspondre au début de ta vidéo, puis fais glisser le curseur vers la droite : un cadre jaune apparaît autour de la zone sélectionnée. Et si tu relâches la souris la touche R sans avoir sélectionné tout ce que tu souhaitais inclure dans ta vidéo, pas d'inquiétude : clique simplement sur l'une des extrémités et fais glisser le curseur latéralement, dans le sens requis.

3 Clique au centre du plan sélectionné, en gardant le bouton de la souris enfoncé à la fin, fais glisser cette sélection au début de la timeline, puis relâche le bouton.

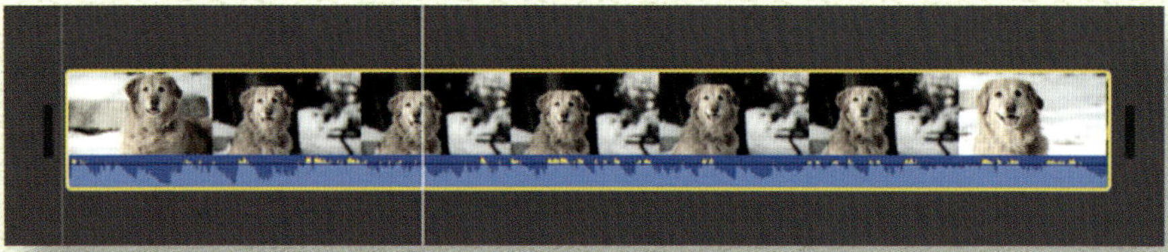

Le plan sélectionné apparaît dans la timeline.

4 Avec le pointeur, survole de nouveau le plan dans la timelime pour vérifier dans le Visualiseur que tu as bien intégré toute la partie souhaitée de ta séquence vidéo.

Les contrôles de lecture apparaissent.

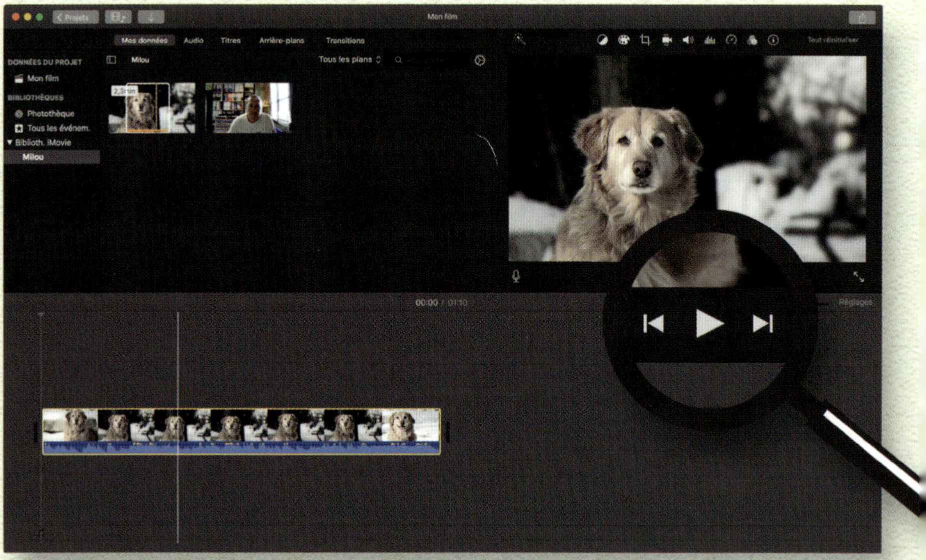

Le tableau de la page suivante t'indique le rôle de chaque contrôle.

CONTRÔLES DE LECTURE

Contrôle	Rôle du contrôle
	Lit la séquence présente dans la timeline à partir de l'endroit où se trouve la tête de lecture dans la timeline. Sitôt la lecture commencée, ce contrôle se transforme en bouton Pause (marqué de deux traits verticaux).
	Ramène au début du plan en cours. Tu peux aussi garder ce bouton enfoncé pendant la diffusion du plan pour effectuer une lecture arrière.
	Emmène au début du plan suivant dans la timeline. Tu peux aussi garder ce bouton enfoncé pendant la lecture du plan pour effectuer une avance rapide.
	Lit la séquence présente dans la timeline en plein écran. Pour retrouver la fenêtre normale ensuite, clique juste de nouveau sur ce contrôle.

Lors de la diffusion des plans, une ligne verticale, appelée *tête de lecture*, se déplace le long de la timeline. Tu peux alors :

» cliquer dessus et la faire glisser le long de la timeline,

» la positionner directement à un endroit spécifique en cliquant à cet emplacement au-dessus du plan.

Si tu raccourcis trop le début ou la fin de la vidéo, tu peux toujours la rallonger ensuite depuis la timeline.

5 Sélectionne le plan que tu veux agrandir ou écourter, puis pointe son début ou sa fin.

Le pointeur se transforme en deux flèches orientées dans des directions opposées.

ASTUCE

Il faut parfois déplacer la souris millimètre par millimètre pour que la double flèche apparaisse : sois patient.

6 **Clique sur l'extrémité requise de ton plan et déplace-la vers la gauche ou la droite.**

7 **Pour ajouter ta deuxième prise, sélectionne la séquence concernée.**

Répète les étapes qui t'ont permis d'ajouter le premier plan.

8 **Fais glisser la prise à droite du premier plan dans la timeline, puis relâche le bouton de la souris.**

Le deuxième plan se positionne automatiquement juste après le premier.

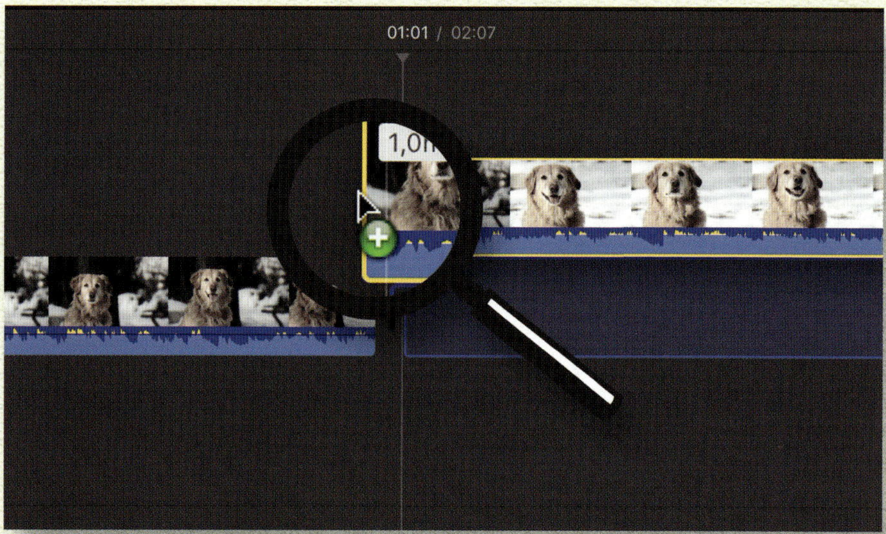

9 **Répète les étapes 7 et 8 pour ajouter ta troisième prise à droite du deuxième plan.**

10 **Ajoute ainsi tous les plans souhaités dans la timeline, en respectant l'ordre de ta liste des prises.**

Si tu dois permuter certains plans, fais juste glisser à l'endroit requis celui à déplacer.

11 Si tu souhaites supprimer le son d'un plan, pointe la ligne entre la vidéo et la bande audio dans la séquence. (Sinon, tu as terminé !)

Le pointeur se transforme en deux flèches en vis-à-vis, l'une orientée vers le haut, l'autre vers le bas.

12 Fais glisser la ligne vers le bas du plan.

Pour te faciliter la tâche lors de tes montages vidéo, tu peux utiliser les raccourcis clavier listés dans le tableau de la page suivante.

RACCOURCIS CLAVIER

Raccourci	Rôle
Commande-I	Importe une séquence dans un événement
Commande-N	Crée un nouveau projet de film (dans la fenêtre Projets)
Commande-E	Exporte une timeline dans iMovie Theater
Barre d'espace	Lit la vidéo dans la timeline à partir de l'emplacement actuel de la tête de lecture
Flèche Droite	Déplace la tête de lecture d'une image vers l'avant, permettant ainsi un montage plus précis
Flèche Gauche	Déplace la tête de lecture d'une image vers l'arrière, permettant ainsi un montage plus précis
Flèche Bas	Déplace la tête de lecture au début du plan suivant dans le navigateur d'événements ou la timeline
Flèche Haut	Déplace la tête de lecture au début du plan en cours ou précédent dans le navigateur d'événements ou la timeline
Barre oblique (/)	Lit la partie du plan sélectionnée dans le navigateur d'événements ou la timeline
Barre oblique inversée (\)	Démarre la lecture depuis le début du plan, de l'événement ou de la timeline
Maj-Commande-F	Démarre la diffusion en plein écran à partir de la position actuelle de la tête de lecture
Esc	Quitte le plein écran
Commande-Z	Annule la dernière action ou modification
Maj-Commande-Z	Rétablit la dernière action ou modification annulée
Commande-C	Copie le plan ou le texte sélectionné
Commande-X	Coupe le plan ou le texte sélectionné
Commande-V	Colle le plan ou le texte qui a été copié ou coupé

AJOUTE DES TRANSITIONS DANS IMOVIE

Après avoir importé ta séquence vidéo dans la timeline, intéresse-toi à la manière dont s'effectue le passage d'un plan à l'autre, c'est-à-dire la *transition* entre les deux. Cela peut aller d'un brutal changement d'image à une animation sophistiquée : tout dépend du type de vidéo YouTube que tu crées.

iMovie propose différentes sortes de transitions. Ajoutes-en une au début et à la fin de ta vidéo en procédant comme suit.

1 Dans la bibliothèque de contenu, clique sur Transitions.

2 Fais glisser au début du premier plan de la timeline la transition que tu souhaites appliquer, puis relâche le bouton de la souris.

Une icône de transition apparaît avant le premier plan.

3 Sélectionne le premier plan et clique sur le bouton de lecture dans le Visualiseur.

4 Fais glisser la transition à la fin du dernier plan dans la timeline.

Si tu le souhaites, tu peux obtenir un aperçu de l'effet produit en déplaçant la tête de lecture au début de la timeline et en cliquant sur le bouton de lecture au bas du Visualiseur.

ATTENTION !

N'abuse pas des transitions. Si tu en ajoutes trop, cela risque de rendre ta vidéo lassante et de lui donner un caractère très amateur. Normalement, elles doivent servir à traduire le temps qui passe ou un changement d'atmosphère. Avec des transitions comme Mosaïque ou Rotation extérieure, tu risques de perturber ton public : mauvaise idée, donc ! Contente-toi d'effets basiques, couramment utilisés dans les films et les émissions de TV, comme le fondu et le balayage.

AJOUTE DES JUMP CUTS DANS IMOVIE

Parfois, certaines prises incluent un acteur qui cherche son texte quelques instants ou qui bute sur un mot. D'où l'intérêt des jump cuts ! En effet, les réalisateurs y recourent souvent quand il n'y a que quelques instants de filmage à couper.

RAPPEL

Les jump cuts *sont monnaie courante dans les vidéos YouTube, surtout les vlogs et les tutoriels. Il s'agit simplement de transitions nettes qui se produisent lorsqu'une vidéo a été raccourcie ou qu'un petit bout de scène a été coupé.*

Voici comment ajouter une jump cut dans la timeline de ta vidéo YouTube.

1 Assure-toi que la timeline de ton projet est ouverte.

2 Repères-y une partie de ta vidéo que tu souhaites retirer.

3 Toujours dans la timeline, clique là où tu veux commencer à couper.

La tête de lecture se positionne au niveau de ce point de coupe.

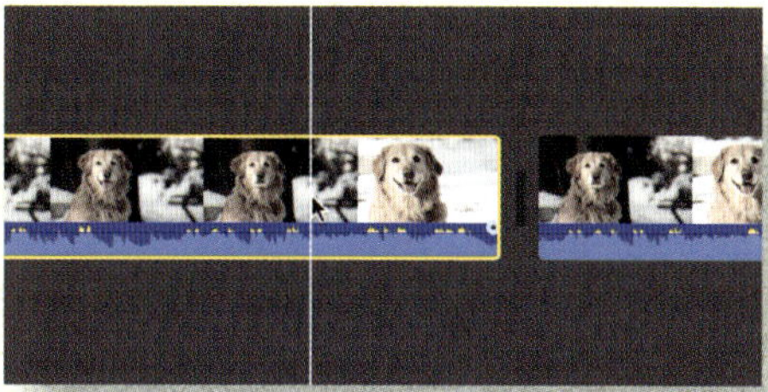

4 **Enfonce simultanément les touches Commande et B du clavier.**

iMovie coupe le film.

5 **Dans la timeline, clique à la fin de la partie à couper.**

iMovie encadre la section ainsi identifiée.

6 **Appuie de nouveau simultanément sur les touches Commande et B du clavier.**

7 **Sélectionne la partie de la séquence que tu veux éliminer, puis enfonce la touche Del ou Retour arrière du clavier.**

iMovie retire la partie indésirable de la scène. Regarde ta vidéo dans la timeline pour voir le résultat.

AJOUTE DES TITRES DANS IMOVIE

Les *titres* correspondent aux textes qui apparaissent au-dessus des séquences dans une vidéo pour informer le public. La plupart figurent au début de cette vidéo et indiquent son nom ; ils renseignent aussi sur les réalisateurs (toi, en l'occurrence !).

Tu peux ajouter des titres directement sur les images de la vidéo, dans un écran blanc, inséré tout au début du film, ou encore n'importe où dans la timeline.

Dans l'immédiat, je te propose d'ajouter un titre au début de ta vidéo YouTube.

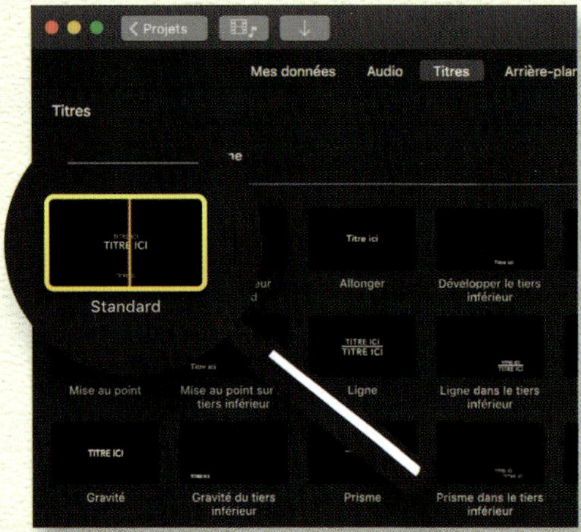

1 Dans la bibliothèque de contenu, clique sur Titres.

Une liste des titres apparaît. Tu peux afficher chacun d'eux en cliquant au début de sa miniature et en appuyant sur la Barre d'espace dans le clavier.

2 Après avoir trouvé le titre que tu souhaites utiliser, fais-le glisser au début de la timeline.

Par exemple, j'ai choisi un effet qui agrandit le titre. Une fois qu'il est positionné dans la timeline, le Visualiseur l'affiche en mettant Titre ici en surbrillance.

Si tu optes pour un style de titre animé, choisis un effet adapté au type de ta vidéo YouTube et prévois une durée d'affichage suffisante pour la lecture complète du texte. Pour la déterminer, lis ton titre à haute voix.

Dans le cas d'un vlog ou d'un tutoriel, utilise plutôt un effet sobre et laisse ton titre affiché assez longtemps, car ton public doit absolument avoir le temps de le lire en entier. (Sans exagérer, tout de même, sinon, les spectateurs risquent de se lasser et de détourner leur attention.)

3 **Double-clique sur le titre dans le Visualiseur pour ajouter ton propre texte.**

4 **Sélectionne le texte dans la zone qui s'affiche et clique sur l'icône Police, puis sur la police souhaitée pour ton titre.**

Une *police* définit la présentation d'un jeu de caractères (lettres, nombres et symboles).

5 **Pour agrandir ou réduire ton titre, sélectionne-le s'il ne l'est plus et clique sur la liste déroulante Taille, puis sur la taille souhaitée.**

6 **Visionne le titre dans ta vidéo en cliquant au début de la timeline et en appuyant sur la Barre d'espace dans le clavier.**

ENREGISTRE UNE VOIX HORS CHAMP DANS IMOVIE

Tu peux enrichir ta vidéo YouTube en y ajoutant une *voix hors champ* (aussi appelée *voix off*). Pour ce faire, il te suffit d'un micro ou d'une webcam connecté à ton ordinateur et de l'outil d'enregistrement d'iMovie.

Avant de te lancer, néanmoins, garde ces principes simples à l'esprit, afin d'améliorer la qualité de l'enregistrement.

- **Essaie d'obtenir le silence complet.** Préviens les personnes autour de toi que tu enregistres du son.
- **Évite les phénomènes d'écho.** Tape dans tes mains ou parle à très haute voix, puis écoute attentivement : s'il y a le moindre écho, change de pièce. L'idéal est un endroit avec des tapis ou de la moquette, des couvertures ou des canapés.
- **Parle à une quinzaine de centimètres du micro.** Pour avoir à peu près la bonne distance, ouvre ta main au maximum, place l'extrémité de ton auriculaire (ton petit doigt !) sur le micro, et ton pouce sur ton menton.

Une fois prêt, voici comment procéder à l'enregistrement dans iMovie.

1. **Garde avec toi la transcription écrite de ce que tu vas dire.**
2. **Dans la timeline, fais glisser la tête de lecture à l'endroit où devra commencer la voix hors champ.**
3. **Appuie sur la touche V du clavier.**

   La fonction d'enregistrement d'une voix hors champ s'ouvre. Dans le cas contraire, clique sur le menu Fenêtre, puis sur Enregistrer une voix hors champ.

4 **Pour démarrer l'enregistrement de la voix off, clique sur le bouton rouge en bas au centre du Visualiseur.**

Un compte à rebours t'indique qu'il te reste trois secondes avant le début de l'enregistrement. Passé ce délai, commence à parler.

Pendant l'enregistrement, une bande rouge et verte apparaît sous la séquence.

5 **Quand tu as fini, clique de nouveau sur le bouton rouge en bas du visualiseur pour, cette fois, arrêter l'enregistrement.**

La voix hors champ apparaît sous la forme d'un nouveau plan au sein de ton événement, dans une zone verte dédiée aux éléments audio au-dessous de la vidéo. Si besoin, tu peux couper le début ou la fin de cette voix.

6 **Si tu souhaites raccourcir la voix hors champ, place le pointeur au début ou à la fin du plan, selon ce que tu veux couper.**

7 **Quand deux flèches opposées apparaissent, fais glisser la limite correspondante vers la gauche ou la droite, selon que tu souhaites raccourcir ou allonger la bande audio.**

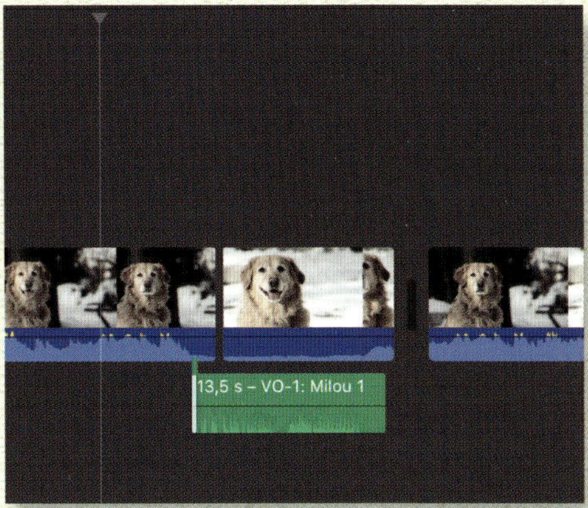

Tu peux seulement agrandir un plan qui avait été raccourci précédemment.

Répète cette procédure pour toute autre voix hors champ à enregistrer.

IMPORTE TA SÉQUENCE DANS UN NOUVEAU PROJET MOVIE MAKER

À son démarrage, Movie Maker crée automatiquement un nouveau projet à ton intention.

Un projet correspond à la zone du programme dans laquelle tu importes ta vidéo et réalises ton montage.

Pour importer une vidéo dans ton projet, procède comme suit.

1 **Importe dans un dossier de ton ordinateur la vidéo stockée sur une carte mémoire, sur ta caméra ou sur tout autre appareil.**

Certaines caméras sont fournies avec un logiciel de téléchargement, généralement sur DVD. À défaut, tu peux normalement obtenir ce programme sur le site Web du fabricant.

2 Selon ta version de Windows, clique sur Movie Maker dans le menu Démarrer ou dans l'écran d'accueil.

Movie Maker s'ouvre.

3 Clique dans la moitié droite de la fenêtre, sur l'icône associée au lien Cliquez ici pour ajouter des vidéos et des photos du projet.

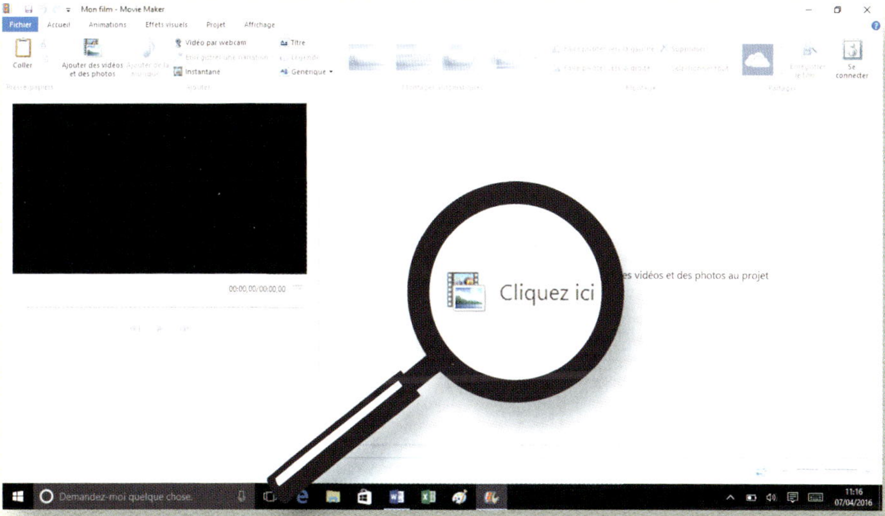

4 Ouvre le dossier de ton ordinateur où tu as importé ta vidéo.

Chaque prise ou plan enregistré par ta caméra apparaît en tant que fichier distinct. Et comme ces fichiers sont nommés automatiquement par l'appareil, leur intitulé se résume généralement à quelques lettres suivies d'un nombre sériel : plutôt abstrait !

5 Sélectionne le(s) fichier(s) et clique sur Ouvrir.

Le(s) fichier(s) s'affiche(nt) dans la table de montage séquentiel de ton projet sous la forme de *miniatures* (petites images).

ASTUCE

Pour sélectionner plusieurs fichiers, clique sur chacun d'eux en gardant la touche Ctrl du clavier enfoncée.

6 **Clique sur l'icône Fichier au début du ruban, puis sur Enregistrer le projet sous.**

7 **Navigue jusqu'au dossier où tu veux stocker ton projet, tape le nom à lui donner et clique sur Enregistrer.**

J'ai pour habitude d'enregistrer mon projet dans le même dossier que la séquence vidéo.

Enregistre souvent ton projet. Sinon, en cas de dysfonctionnement soudain de Movie Maker, tu perdras tout ton travail. Après avoir réalisé la procédure d'enregistrement initiale (expliquée précédemment), tu peux te contenter d'appuyer régulièrement et simultanément sur les touches Ctrl et S du clavier pour enregistrer tes modifications.

8 **Pour couper une partie d'un plan, clique sur celui-ci, puis sur l'onglet Édition.**

Les options d'édition apparaissent.

J'AI BIEN LE SON, MAIS PAS L'IMAGE !

Certaines versions de Movie Maker ne fonctionnent pas forcément très bien. Ainsi, parfois, quand tu lis une séquence, tu entends bien le son mais ne vois qu'un écran noir. Heureusement, plusieurs solutions s'offrent alors à toi.

La première consiste à mettre à jour le pilote de ta carte graphique.

1. Dans ton navigateur Web, affiche la page www.microsoft.com/fr-fr/windows.
2. Dans la zone de recherche en haut à droite, tape **pilote Movie Maker** et appuie sur la touche Entrée du clavier.
3. Clique sur le lien correspondant à ta situation.
4. Suis les instructions données à l'écran.

La seconde consiste à enregistrer tes fichiers vidéo sur le Bureau.

1. Dans l'Explorateur de Windows, ouvre le dossier qui contient tes fichiers vidéo.
2. Fais glisser tes fichiers sur le Bureau. (Si la fenêtre de l'Explorateur est agrandie au maximum, double-clique dans sa barre de titre pour la rendre flottante.)
3. Sélectionne les fichiers vidéo sur le Bureau, puis clique du bouton droit sur cette sélection.
4. Dans le menu contextuel qui se déroule, clique sur Ouvrir avec, puis sur Movie Maker.

9 Vers la droite, clique sur l'icône Outil Découper.

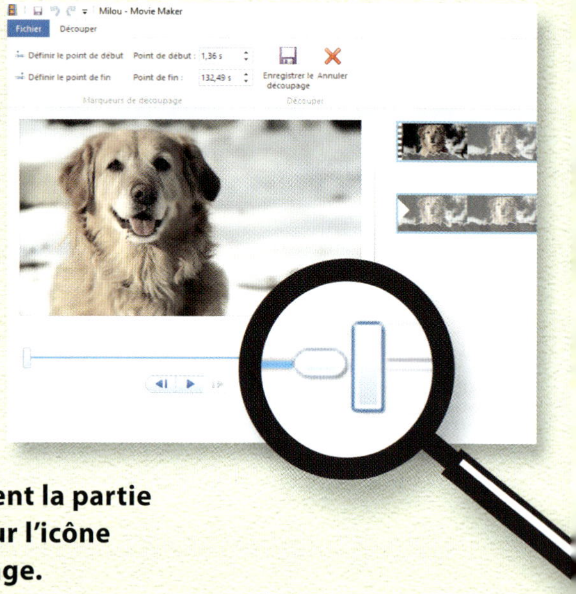

Des curseurs de découpage apparaissent sous l'écran de contrôle : ce sont eux qui te permettront de définir la partie du film à conserver.

10 Déplace les curseurs de façon qu'ils encadrent la partie à garder, puis clique sur l'icône Enregistrer le découpage.

- Fais glisser le curseur gauche vers la droite si tu veux couper le début du plan.
- Fais glisser le curseur droit vers la gauche si tu veux couper la fin du plan.

Ton projet réapparaît et affiche le plan écourté.

11 Répète les étapes précédentes pour tous les plans requis de ton projet.

En cas de regret, tu peux toujours ragrandir un clip que tu avais découpé. Sélectionne-le et clique de nouveau sur l'icône Outil Découper dans le ruban. Fais glisser les curseurs à ta convenance et clique sur Enregistrer le découpage.

12 Pour retirer le son d'un plan, sélectionne celui-ci dans le projet, puis clique sur l'onglet Édition dans le ruban et sur l'icône Volume de la vidéo, tout au début.

Le curseur de volume apparaît juste au-dessous de l'icône.

13 **Déplace le curseur du volume complètement à gauche.**

14 **Si tu veux réorganiser ta vidéo, fais glisser les plans souhaités aux endroits opportuns.**

ENREGISTRE UNE VIDÉO AVEC TA WEBCAM DANS MOVIE MAKER

Tu peux enregistrer une séquence réalisée avec ta webcam directement dans la table de montage séquentiel de ton projet Movie Maker. Voici comment procéder.

1 **Dans le ruban de Movie Maker, clique sur l'onglet Accueil.**

2 **Clique sur l'icône Vidéo par webcam.**

Une zone d'aperçu de ce que filmera la webcam s'affiche : prépare-toi !

3 **Une fois prêt, clique sur le bouton d'enregistrement en haut à gauche.**

4 **Après avoir filmé ce que tu voulais, clique sur le bouton Arrêter.**

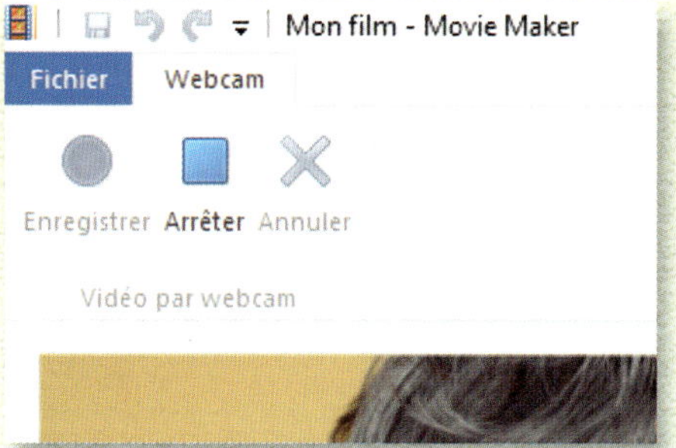

La boîte de dialogue Enregistrer la vidéo apparaît.

5 **Ouvre le dossier où enregistrer ta vidéo et tape un intitulé pour cette dernière dans la zone Nom du fichier.**

6 **Clique sur Enregistrer.**

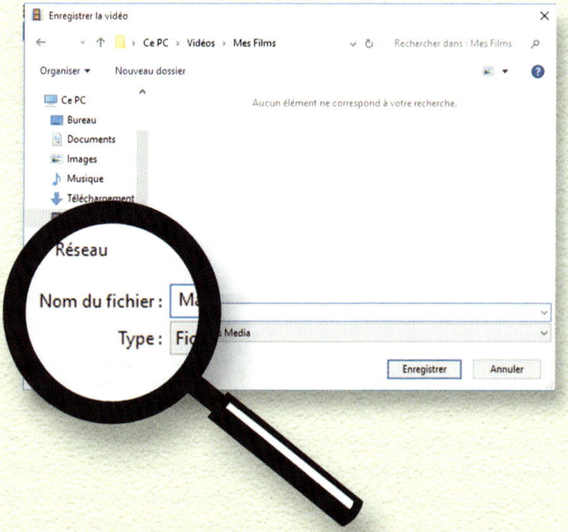

La vidéo de ta webcam est intégrée à la table de montage.

AJOUTE DES TRANSITIONS DANS MOVIE MAKER

Après avoir monté ta vidéo à publier sur YouTube, tu peux ajouter des transitions.

Une *transition* désigne la manière dont deux plans se succèdent. Selon le type de vidéo que tu crées, cela peut aller d'une simple coupure nette à une animation pompeuse.

Voici comment ajouter des transitions dans le film actuellement ouvert dans la table de montage séquentiel de ton projet dans Movie Maker.

1 Clique sur l'onglet Animations dans le ruban.

Différentes animations et transitions s'affichent.

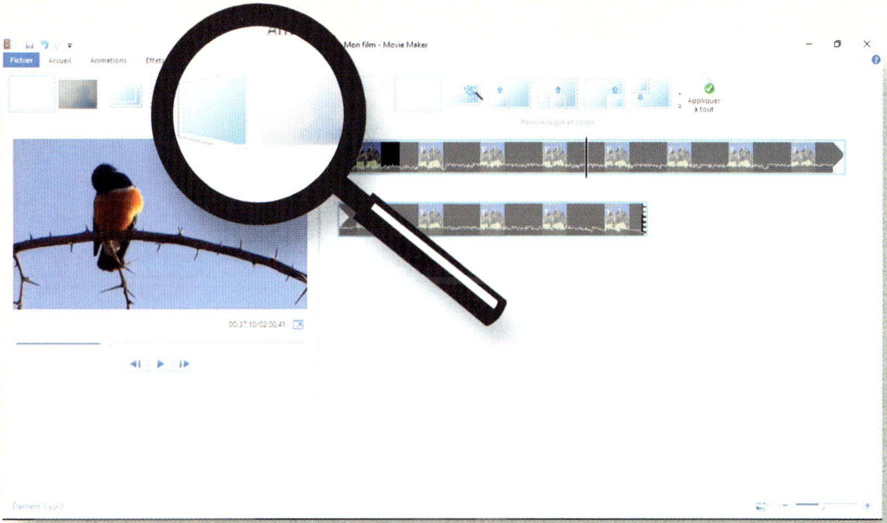

Tu peux obtenir un aperçu de l'effet produit par une transition en pointant cette dernière.

ASTUCE

2 Clique sur le plan, puis sur la transition.

Tu peux tester la transition qui t'intéresse en cliquant sur le premier plan, puis sur le bouton de lecture sous l'écran de contrôle.

Si tu le souhaites, procède ensuite de même pour ajouter des transitions entre d'autres plans. Et au final, teste le résultat global en cliquant de nouveau sur le premier plan, puis sur le bouton de lecture.

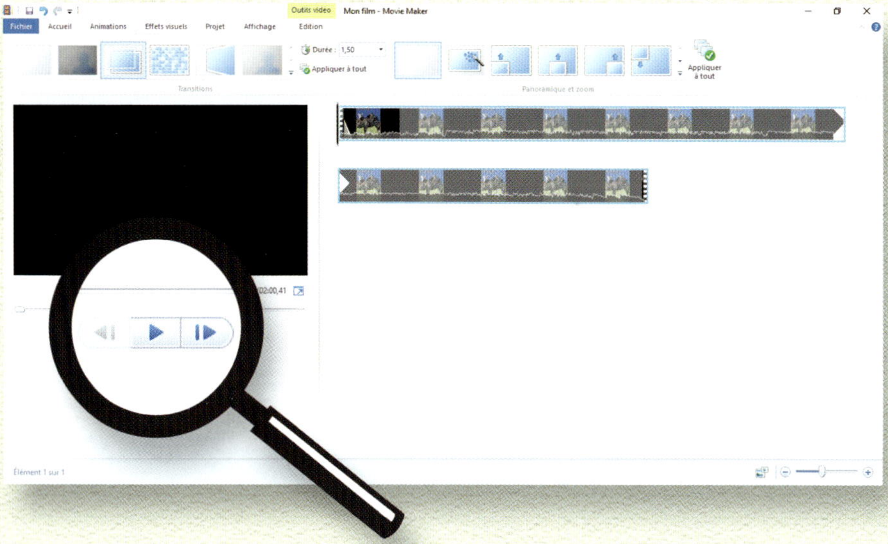

Reste mesuré dans l'emploi des transitions. Si elles sont trop nombreuses, ta vidéo risque d'être trop longue et de perdre en crédibilité. En principe, les transitions servent à évoquer le temps qui passe ou un changement d'atmosphère. Mais pour qu'elles jouent bien leur rôle, vise la sobriété : des transitions fantaisistes comme Mosaïque ou Rotation extérieure risquent de perturber ton public et donc de te faire rater ton objectif. Pense aux films et aux émissions de télévision : généralement, ils n'utilisent que quelques types de transitions, comme des fondus et des balayages.

AJOUTE DES JUMP CUTS DANS MOVIE MAKER

Parfois, un acteur qui peine à retrouver son texte ou à prononcer certains mots entraîne des passages indésirables dans une scène. Du moment que ceux-ci ne durent que quelques instants, tu peux les supprimer grâce à des jump cuts. Cette technique est notamment très employée par les réalisateurs de films.

RAPPEL

Une jump cut *constitue juste une transition brutale entre deux plans après que tu as coupé une partie ratée d'une vidéo. Cette technique est fréquente dans les vidéos YouTube, notamment les vlogs et les tutoriels.*

Voici comment ajouter une jump cut dans la table de montage séquentiel de ta vidéo YouTube.

1. **Assure-toi que la table de montage séquentiel de ton projet est ouverte.**
2. **Dans le ruban de Movie Maker, clique sur l'onglet Édition.**
3. **Examine ta vidéo pour repérer la partie à couper.**

ASTUCE

Si besoin, agrandis l'affichage en cliquant sur le bouton + dans l'angle inférieur droit de la fenêtre.

4. **Fais glisser la tête de lecture à l'endroit exact où effectuer la coupe.**

RAPPEL

La tête de lecture *correspond au curseur qui se déplace le long de la barre au-dessous du projet pendant la diffusion de la vidéo.*

5 Dans le ruban, clique sur l'icône Fractionner.

Le plan se scinde à l'endroit désigné par la tête de lecture.

6 Fais glisser la tête de lecture à la fin de la partie à couper et clique de nouveau sur l'icône Fractionner.

7 Sélectionne la partie que tu veux supprimer.

La zone sélectionnée apparaît encadrée en bleu.

8 Appuie sur la touche Suppr du clavier.

La partie sélectionnée est retirée. Clique sur le bouton de lecture pour visionner ta jump cut dans la continuité de la vidéo.

AJOUTE DES TITRES DANS MOVIE MAKER

Les *titres* correspondent aux textes informatifs qui s'affichent au-dessus des séquences dans une vidéo, le plus souvent au début de cette dernière. Ils fournissent notamment le nom de la vidéo et des renseignements sur les réalisateurs (toi, donc !).

Tu peux faire figurer tes titres directement sur les images de la vidéo, dans un écran blanc ajouté tout au début du film, ou n'importe où dans la table de montage séquentiel.

Ici, voyons comment ajouter un titre au début de ta vidéo.

1 Sélectionne le premier plan de ton projet.

2 Dans le ruban, clique sur l'onglet Accueil, puis sur l'icône Ajouter un titre.

Movie Maker ajoute un plan noir avec un titre juste avant le premier plan du projet, et un nouvel onglet Format apparaît dans le ruban.

3 Sélectionne le texte dans la zone de texte, par exemple en cliquant à sa gauche, et tape ton nouveau titre.

4 Si tu veux ajouter un effet à ton titre, pointe les différentes miniatures correspondantes dans la moitié droite du ruban, afin d'obtenir un aperçu des effets possibles ; et quand tu en trouves un qui te plaît, clique sur sa miniature pour l'appliquer.

Veille à ce que l'effet choisi concorde avec le style de ta vidéo YouTube et prévois une durée d'affichage qui permette de lire « tranquillement » l'intégralité du texte. Pour déterminer cette durée, lis ton titre à haute voix. Si nécessaire, tu peux augmenter le nombre de secondes dans la zone Durée du texte de l'onglet Format.

Si tu crées un vlog ou un tutoriel, choisis de préférence un effet sobre et garde ton titre affiché assez longtemps pour laisser le temps nécessaire à sa lecture. (Sans exagérer, toutefois, car s'il reste trop longtemps à l'écran, cela risque d'ennuyer le public qui pourrait alors perdre toute envie de regarder la vidéo.)

5 **Clique sur ton titre dans la petite zone de texte, puis sur la petite flèche qui borde la zone Police dans le ruban, et sur la police souhaitée pour ton titre.**

Une police détermine la présentation des lettres, des nombres et des symboles. **Voici une police.** `Et en voilà une autre.`

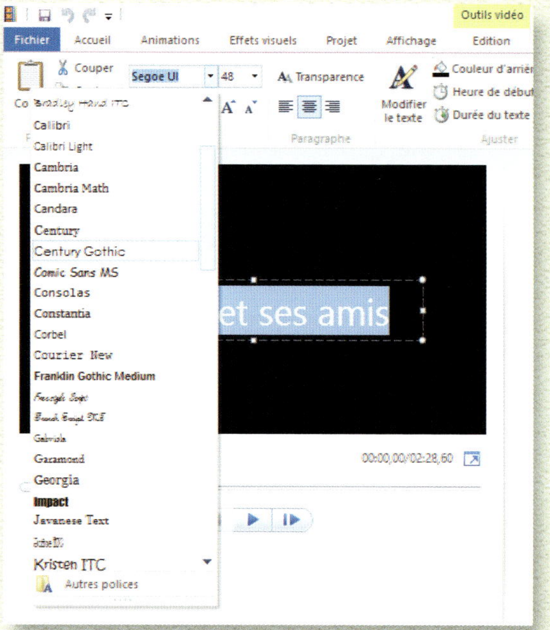

6 **Pour agrandir ou réduire ton titre, clique dessus si la zone de texte n'est plus active, puis sur la liste déroulante Taille et, finalement, sur la taille souhaitée.**

Tu peux aussi double-cliquer sur la valeur dans la zone Taille et en taper directement une autre.

7 **Contrôle ton titre en cliquant au début du projet et en appuyant sur la Barre d'espace dans le clavier.**

ENREGISTRE UNE VOIX HORS CHAMP DANS MOVIE MAKER

Si tu disposes d'un micro ou d'une webcam connecté à ton ordinateur, tu peux profiter de Movie Maker pour enregistrer une voix hors champ (voix off) et l'ajouter à ta vidéo YouTube.

Avant de te lancer, néanmoins, mets toutes les chances de ton côté pour obtenir une bonne qualité d'enregistrement en prenant les précautions suivantes.

» **Essaie d'obtenir le silence complet.** Préviens les personnes autour de toi que tu enregistres du son.

» **Évite les phénomènes d'écho.** Tape dans tes mains ou parle à très haute voix, puis écoute attentivement : s'il y a le moindre écho, change de pièce. L'idéal est un endroit avec des tapis ou de la moquette, des couvertures ou des canapés.

» **Parle à une quinzaine de centimètres du micro.** Pour trouver la bonne distance, ouvre ta main au maximum et place ton pouce sur ton menton, puis le bout de ton auriculaire (ton petit doigt !) sur le micro.

Une fois prêt, tu peux commencer l'enregistrement grâce à Movie Maker en suivant ces étapes.

1. **Munis-toi de la transcription écrite de ce que tu vas dire.**
2. **Fais glisser la tête de lecture à l'endroit où devra commencer la voix hors champ.**
3. **Dans le ruban, clique sur l'onglet Accueil, puis sur Enregistrer une narration.**
4. **Clique sur l'icône Enregistrer qui apparaît et commence à parler.**

   Movie Maker lit la vidéo.

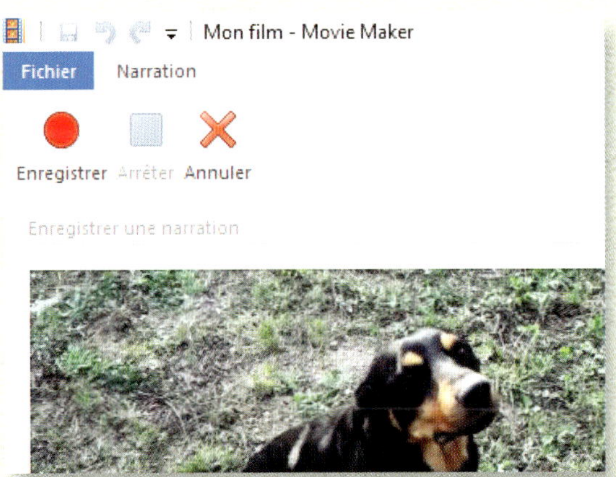

5 Quand tu as terminé, clique sur l'icône Arrêter pour stopper l'enregistrement.

La boîte de dialogue Enregistrer la narration s'affiche.

6 Ouvre le dossier où enregistrer ta voix hors champ.

7 Tape l'appellation souhaitée dans la zone Nom du fichier et clique sur Enregistrer.

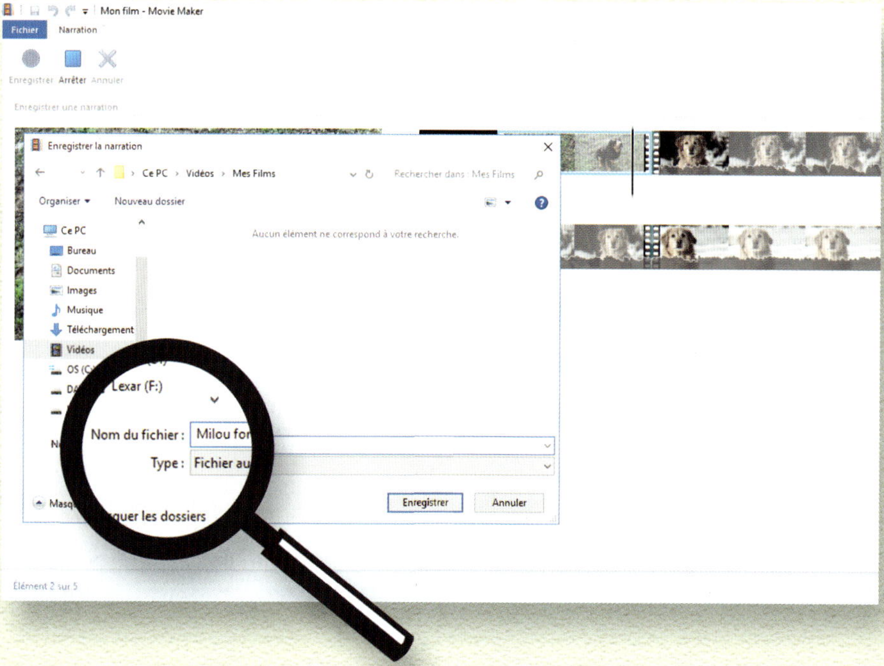

La bande de la voix hors champ apparaît sous la vidéo dans le projet. Si tu veux, tu peux en enregistrer une autre dans la table de montage en répétant simplement les étapes précédentes.

PROJET 4 LA DIFFUSION

ÇA Y EST, TU VAS POUVOIR MONTRER TES VIDÉOS À TA FAMILLE ET TES AMIS ! Génial ! Mais tu peux aussi aller beaucoup plus loin et les partager avec plein d'autres gens. Pour cela, rien ne vaut YouTube, car ce site Web reçoit chaque jour des milliards de visiteurs. Certaines de ses vidéos ont été visionnées des centaines de millions de fois.

Dans ce chapitre, je t'expliquerai comment créer une chaîne YouTube et transférer ta vidéo sur ce site. La marche à suivre dépend du programme utilisé pour monter ton film, notamment iMovie ou Movie Maker.

CRÉE UNE CHAÎNE YOUTUBE

Avant de pouvoir transférer ta vidéo sur YouTube, tu dois te créer un compte Google et une chaîne YouTube. Ensuite, le transfert revient un peu à enregistrer ton film sur le site pour permettre aux visiteurs de le regarder à n'importe quel moment.

Dans la plupart des pays, tu dois avoir au moins 13 ans pour créer un compte Google. Avant de commencer, demande l'autorisation à un parent ou un tuteur. Peut-être aura-t-il même la possibilité et l'envie de t'aider !

La procédure qui suit suppose que tu ne possèdes pas encore de compte Google. Donc, si tu en as déjà un, tu peux passer directement à l'étape 8 ou, si ta chaîne n'apparaît pas automatiquement à ton arrivée sur YouTube, réaliser en plus les étapes 2, 6 et 7.

1 **Dans la zone d'adresse de ton navigateur Web, tape www.youtube.com.**

Te voici sur le site YouTube.

2 **En haut à droite, clique sur Connexion.**

Une page Google s'affiche.

3 **En bas, clique sur Créer un compte.**

4 **Remplis le formulaire qui s'affiche et clique sur Étape suivante.**

Pour valider ton compte, Google doit vérifier la validité de ton adresse électronique et t'envoie donc un message à celle que tu as indiquée dans le formulaire.

5 **Dans ton programme de messagerie, ouvre le courriel de Google et clique sur le lien de vérification qu'il contient.**

La page de connexion à ton compte Google s'affiche.

6 **Tape ton adresse électronique et le mot de passe associé, puis accepte les conditions d'utilisation si tu y es invité.**

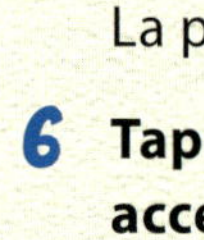

Si tu n'as pas encore 13 ans, ne va pas plus loin : demande à un adulte de créer un compte à ta place.

7 **Si elle ne s'affiche pas d'elle-même, reviens sur la page d'accueil de YouTube.**

YouTube crée automatiquement une chaîne à ton nom.

8 **Dans l'angle supérieur droit de la page d'accueil de YouTube, clique sur l'icône de profil.**

L'icône de profil se présente sous la forme d'un disque bleu clair avec une sorte de carré bleu foncé au centre.

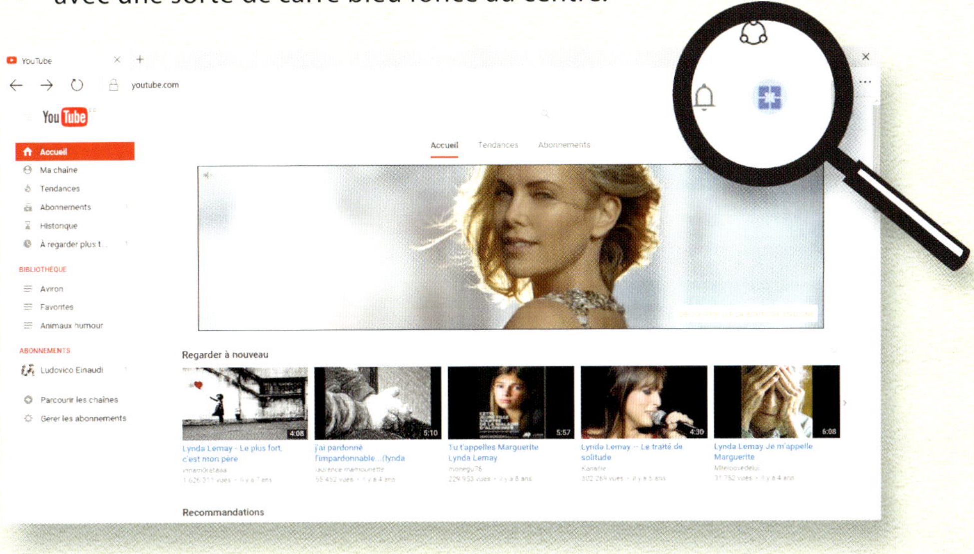

9 **Clique sur l'icône Paramètres YouTube.**

Une page dédiée à la configuration de ton compte et de YouTube apparaît.

10 **À la rubrique Fonctionnalités supplémentaires, en bas, clique sur le lien Créer une nouvelle chaîne.**

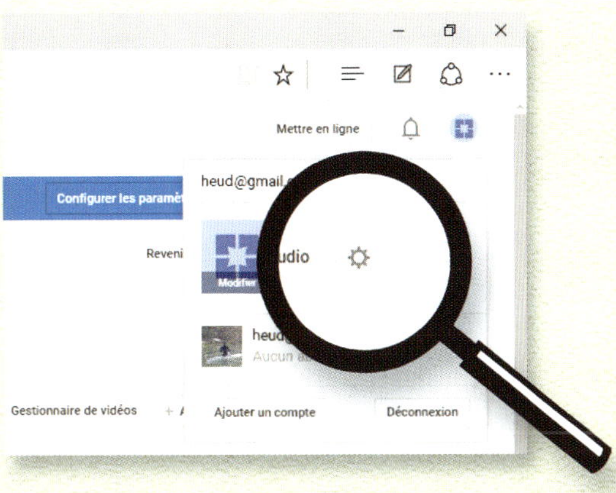

Parfois, tu es ensuite invité à redonner ton identité : suis alors les étapes qui s'affichent pour permettre à YouTube de vérifier ton compte.

Cela fait, si besoin, répète les étapes 8 à 10.

11 Tape un nom pour ta nouvelle chaîne.

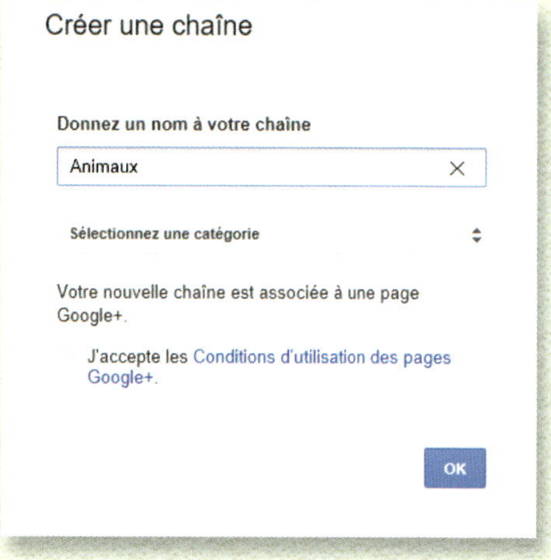

ATTENTION ! *Utilise un nom inventé.*

Choisis un nom de chaîne en accord avec le style de tes vidéos. Ce sont parfois les appellations les plus saugrenues et décalées qui ont le plus de succès.

12 Clique sur la double flèche à la fin de la zone Sélectionnez une catégorie, puis sur la catégorie souhaitée.

La catégorie à choisir dépend directement du type de vidéos que tu vas créer :

- *Produit ou marque* pour les vidéos musicales ou dédiées à un article ou objet spécifique,
- *Société, établissement ou organisation* pour les vidéos commerciales ou relatives aux milieux éducatif ou associatif,
- *Arts, spectacles ou sports* pour les courts-métrages, les gags, les émissions de télé ou les vidéos consacrées au sport, à la danse ou au jeu,
- *Autre* pour les vidéos qui échappent à toutes les catégories abordées à l'instant, comme les vlogs et les tutoriels.

13 **Coche la case J'accepte les conditions d'utilisation des pages Google+.**

Au cours de cette procédure, tu signes en quelque sorte un contrat avec Google. Avant de cocher la case, je te conseille donc de demander à tes parents de lire les conditions d'utilisation.

14 **Clique sur OK.**

Cette fois, ça y est : tu peux publier des vidéos sur ta nouvelle chaîne !

TRANSFÈRE UNE VIDÉO SUR YOUTUBE

Avant de te lancer, attention : suis les étapes à venir pour publier tes vidéos sur YouTube uniquement si tu *n'as pas* monté ces dernières avec iMovie ou Movie Maker. Dans le cas contraire, tu trouveras un peu plus loin dans ce chapitre la procédure adaptée au programme dont tu t'es servi.

1 **Affiche la page www.youtube.com et connecte-toi à ton compte YouTube.**

2 **En haut à droite, clique sur Mettre en ligne.**

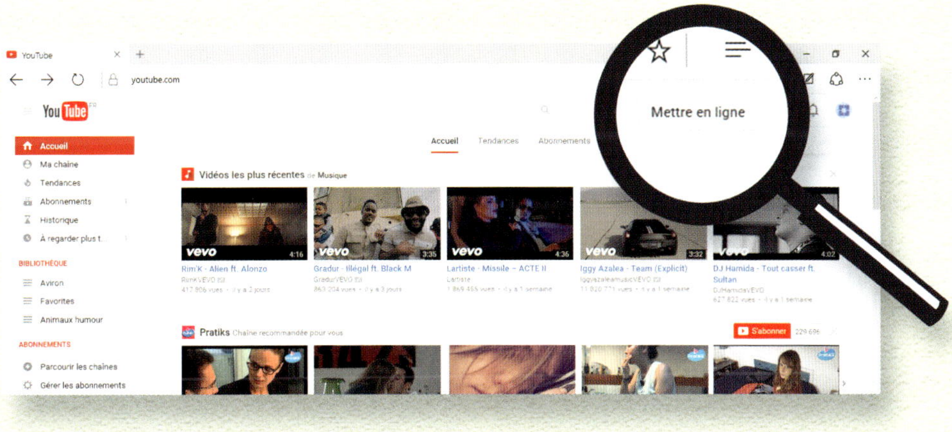

3 Au centre de la fenêtre, clique sur Sélectionner les fichiers à importer.

La boîte de dialogue Ouvrir apparaît.

4 Navigue jusqu'au dossier qui contient ta vidéo, puis clique sur celle-ci et sur Ouvrir.

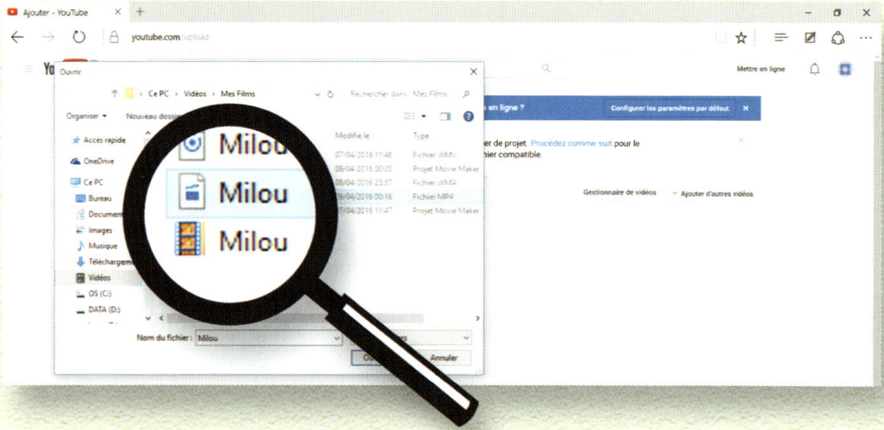

Le transfert de ta vidéo démarre, et une barre de progression te permet de suivre l'état d'avancement.

5 Tape un titre et une description pour ta vidéo.

ASTUCE

En choisissant un titre pertinent, tu pourras susciter davantage de visites. Réfléchis à un nom qui te donnerait envie, à toi, de regarder cette vidéo. Le gag le plus drôle de tous les temps ? *Ou quelque chose d'aussi prometteur que* Danser comme Michael Jackson ? *Ton titre doit à la fois évoquer clairement le contenu de ta vidéo et sortir du lot.*

6 **Si tu le souhaites, ajoute des tags pour caractériser ta vidéo.**

LA CLÉ DU SUCCÈS !

Pour aider les internautes à localiser ta vidéo, tu dois lui associer des mots-clés, c'est-à-dire des *tags*. Pour choisir ces termes, demande-toi ce que les visiteurs vont taper pour trouver ton film. Que ferais-tu à leur place ? Quels mots-clés taperais-tu ? S'agit-il d'une *vidéo marrante*, d'un *documentaire*, d'un *court-métrage* ? Montre-t-elle un *chat en train de faire de grand bonds* ou un *chien qui ronfle très bruyamment* ? Ou encore un *lieu* ou un *monument* célèbre ? Choisis des mots vraiment pertinents. Sinon, cela risque de dérouter les internautes et de réduire finalement le nombre de spectateurs potentiels.

7 **Au-dessous de la liste des tags, clique sur la miniature que tu veux utiliser pour illustrer ta vidéo.**

Les *miniatures* correspondent aux petites images fixes qui apparaissent dans les résultats des recherches menées par les internautes, aussi bien sur YouTube que dans Google, notamment. Elles donnent un aperçu du contenu de tes vidéos.

ASTUCE *Choisis la miniature qui évoque le mieux ta vidéo.*

8 Clique sur Publier dans l'angle supérieur droit de la fenêtre.

Ça y est, ta vidéo est sur YouTube ! Aussitôt après cette publication, YouTube t'envoie un courriel avec un lien vers ton film.

9 Partage ce lien avec ta famille et tes amis.

ASTUCE *Comme je te l'expliquerai dans la section « Change les paramètres de tes vidéos », plus loin dans ce chapitre, tu peux changer la catégorie de ta chaîne après coup, définir les personnes autorisées à commenter ta vidéo et revoir divers autres réglages.*

PARTAGE UNE VIDÉO SUR YOUTUBE AVEC IMOVIE

Si tu as préparé ta vidéo dans iMovie, voici comment la publier sur YouTube.

1 Si tu n'en possèdes pas encore, crée-toi un compte YouTube.

RAPPEL *Eh, toi ! Oui oui, toi ! Tu dois avoir au moins 13 ans pour posséder un compte YouTube. Si tu es plus jeune, demande à tes parents l'autorisation d'utiliser leur compte ou vois s'ils peuvent t'en créer un. En tout cas, ne fais surtout rien de répréhensible : pas question de te mettre dans l'illégalité !*

2 Ouvre ta vidéo dans iMovie.

3 Dans la barre d'outils, clique sur l'icône Partager.

Différentes options de partage apparaissent.

4 **Clique sur le logo YouTube.**

Toute une série de paramètres s'affichent pour ta vidéo.

5 **Clique dans la zone de titre et tape celui que tu souhaites donner à ta vidéo.**

6 **Clique dans la zone Description et tape une brève présentation de ta vidéo.**

7 **Clique dans la zone dédiée aux tags et tape ceux que tu souhaites utiliser pour caractériser ta vidéo.**

Sépare tes mots ou expressions par des virgules. Et si tu ne sais pas lesquels choisir, relis l'encadré « La clé du succès ! », précédemment dans ce chapitre.

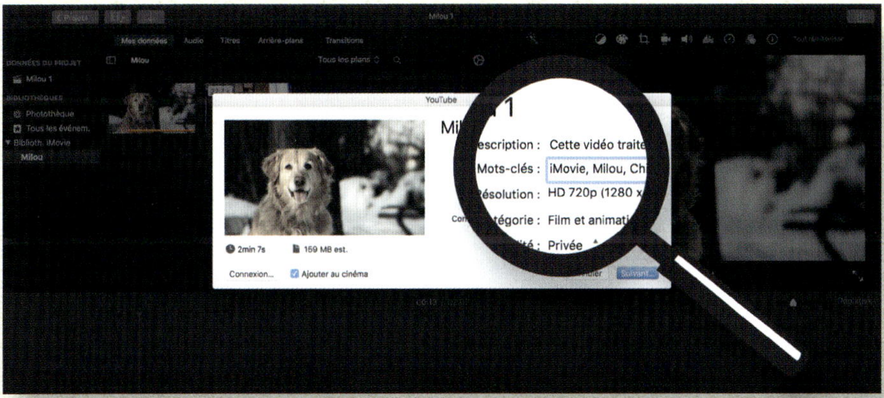

Bien que tu puisses choisir la taille de ta vidéo, mieux vaut conserver le paramètre par défaut (automatique).

8 **Clique sur la catégorie affichée, puis sur celle qui convient le mieux à ta vidéo dans la liste qui se déroule.**

9 **Dans la liste qui permet de choisir un niveau de confidentialité, clique sur Publique.**

Si tu conserves un niveau de confidentialité privé, seules les personnes de ton entourage pourront visionner ta vidéo, bien que rien de ce que tu publies en ligne ne soit très privé… À l'inverse, si tu as envie que tout le monde puisse regarder ton film et si tes parents sont d'accord, choisis Publique .

10 Laisse la case Ajouter au cinéma cochée.

11 Clique sur le bouton Connexion.

12 Fournis tes identifiants et connecte-toi.

13 Clique sur Suivant.

14 Lis les conditions d'utilisation de YouTube et, si tu es d'accord, clique sur le bouton Publier.

iMovie transfère ta vidéo sur ton espace YouTube. Une fois qu'il a terminé, un message apparaît pour t'en informer dans l'angle supérieur droit de l'écran.

Pour modifier le titre de ta vidéo, les tags, les personnes autorisées à laisser un commentaire, ou d'autres aspects, reporte-toi à la section « Change les paramètres de tes vidéos », plus loin dans ce chapitre.

PARTAGE UNE VIDÉO SUR YOUTUBE AVEC MOVIE MAKER

Si tu as monté ta vidéo dans Movie Maker, les étapes suivantes te permettront de la publier sur YouTube.

1 **Si tu ne t'es pas encore créé de compte YouTube, fais-le sans attendre.**

Au risque de me répéter, si tu n'as pas encore 13 ans, demande à tes parents si tu peux utiliser leur compte YouTube ou s'ils veulent bien en créer un avec toi.

2 **Ouvre ta vidéo dans Movie Maker.**

3 **Dans le ruban en haut de la fenêtre, clique sur l'onglet Accueil.**

4 **Dans le groupe Partager, vers la fin, clique sur l'option YouTube.**

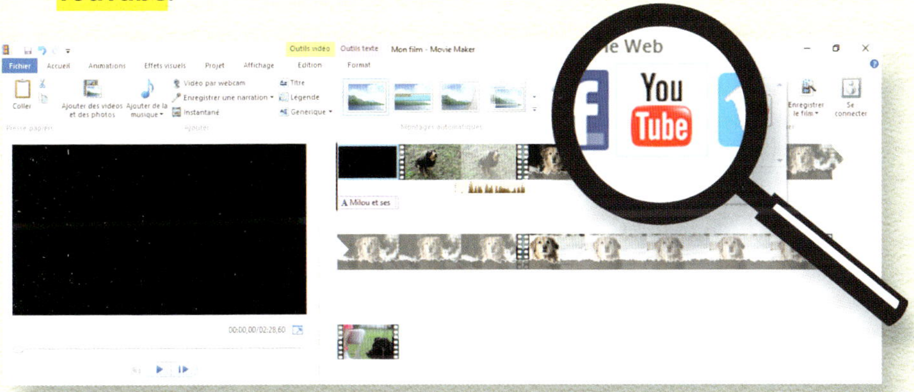

Différents paramètres de taille s'affichent pour la vidéo.

5 **Sélectionne 1 920 × 1 080.**

6 **Pour accéder à ton compte YouTube, fournis les renseignements demandés à l'écran.**

Le plus souvent, tu dois d'abord fournir l'identifiant et le mot de passe de ton compte Google, puis ceux de ton compte YouTube, et cliquer finalement sur Se connecter.

MÉFIE-TOI DES SALES TYPES

YouTube accepte les principaux *formats* (types) de fichiers vidéo existants, notamment .MOV, .MPEG4, .AVI et .WMV, mais pas celui auquel Movie Maker enregistre tes projets. Autrement dit, il peut publier et diffuser n'importe quelle vidéo .MOV ou .AVI, par exemple, mais pas celles que tu as montées dans Movie Maker.

Enfin… pas dans leur format d'enregistrement initial (.WLMP ou .MSWMM), du moins. Car heureusement, tu peux à tout moment convertir tes projets dans un format compatible. Après avoir ouvert celui concerné dans Movie Maker, clique sur Fichier au début du ruban, puis sur Enregistrer le film et sur Pour lecture sur ordinateur.

Dans la boîte de dialogue Enregistrer le film, ouvre le dossier où stocker ta vidéo et tape un nom pour cette dernière. Dans la zone Type, vérifie que le programme a bien sélectionné un format accepté par YouTube ; sinon, choisis-en un autre qui convient. Clique finalement sur Enregistrer.

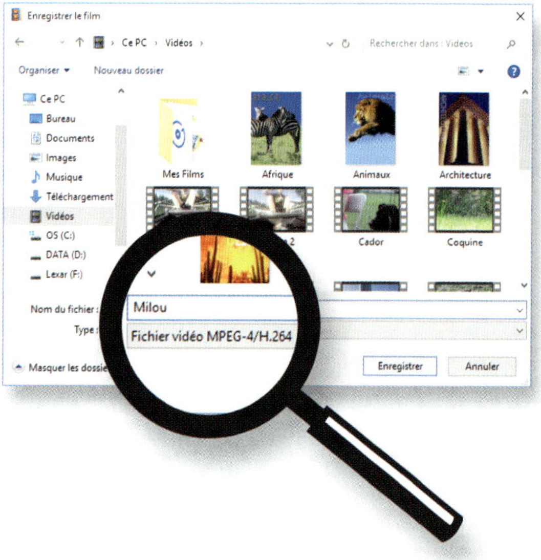

Une fois que tu es identifié, diverses options dédiées à la configuration de ta vidéo apparaissent.

7 **Clique dans la zone de titre et tape un nom pour ta vidéo.**

8 **Clique dans la zone Description et saisis quelques mots pour présenter ta vidéo.**

9 **Ajoute les tags les plus pertinents possibles pour caractériser ta vidéo.**

Pense à ajouter une virgule entre chaque mot ou expression. Et si tu hésites sur les termes opportuns, relis l'encadré « La clé du succès ! », précédemment dans ce chapitre.

10 **Dans la liste Catégorie, sélectionne le genre de ta vidéo.**

11 **Clique dans la zone Permission, puis sur Publique.**

ATTENTION !

Tu peux laisser le paramètre Permission réglé sur Privé si tu veux empêcher les personnes que tu ne connais pas de visionner ta vidéo. Mais garde quand même à l'esprit que le caractère privé de ce qui est publié en ligne est très relatif. Pour définir une diffusion sans restriction, et à condition que tes parents soient d'accord, choisis Publique dans la liste Permission.

12 **Lis les conditions d'utilisation de YouTube et, si tu es d'accord, clique sur le bouton Publier.**

Movie Maker transfère ta vidéo sur ton espace YouTube, et une boîte de dialogue te permet de suivre l'état d'avancement.

CHANGE LES PARAMÈTRES DE TES VIDÉOS

Après avoir transféré une vidéo sur YouTube, tu peux modifier son titre, sa description, ses tags, sa catégorie et son niveau de confidentialité.

Voici comment accéder à tous ces paramètres.

1 **Connecte-toi à ton compte YouTube.**

2 **Dans l'angle supérieur droit de la page, clique sur ton icône de profil.**

Une sorte de grosse bulle avec diverses options apparaît.

3 **Clique sur Creator Studio.**

4 **Dans la colonne gauche, clique sur Gestionnaire de vidéos.**

La liste de tes vidéos apparaît.

5 **Clique sur Modifier sous le nom de la vidéo sur laquelle tu veux intervenir.**

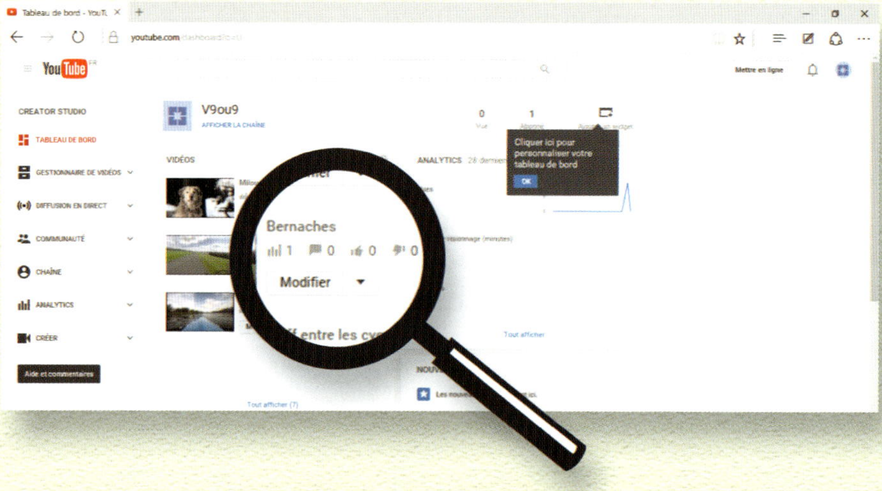

Une nouvelle page apparaît, avec différentes catégories de paramètres. En principe, l'onglet Informations générales est déjà sélectionné : parfait ! Car c'est là que tu peux changer le titre, la description, les tags et le niveau de confidentialité de ta vidéo.

6 **Apporte les changements souhaités.**

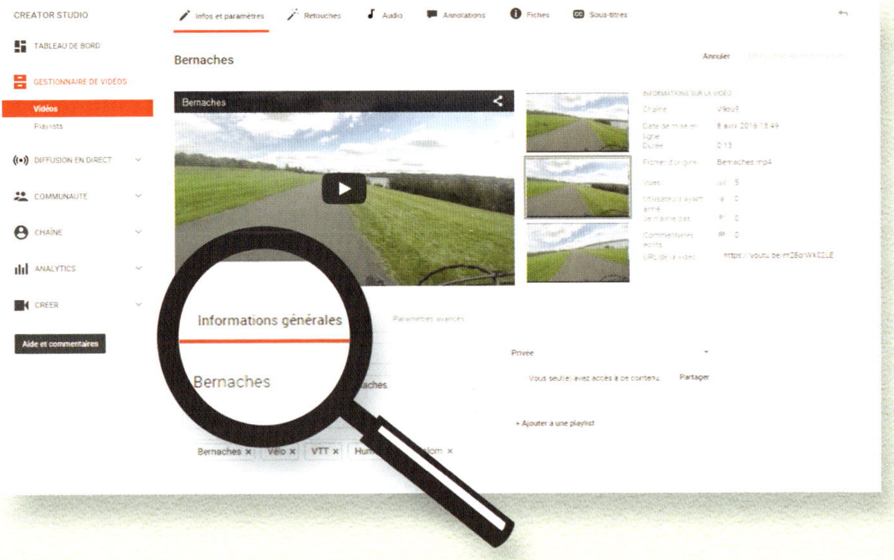

7 **Clique sur Enregistrer les modifications dans la partie supérieure droite de la page.**

8 **Reviens au centre de la page et clique sur Paramètres avancés au-dessous de la vidéo.**

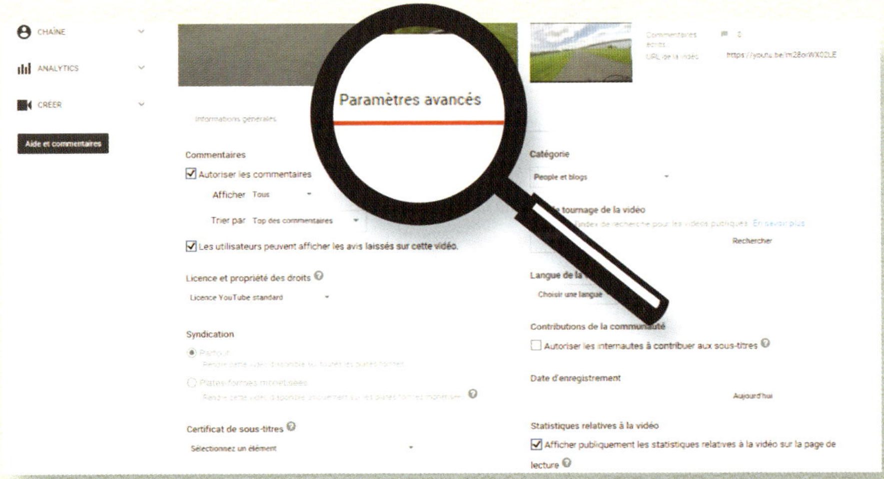

Beaucoup de nouveaux paramètres apparaissent, dont une rubrique consacrée aux commentaires et une section Catégorie.

9 **Si elle ne l'est pas déjà, coche la case Autoriser les commentaires. Ensuite, juste au-dessous, clique sur la liste à côté de Afficher, puis sur Approuvés.**

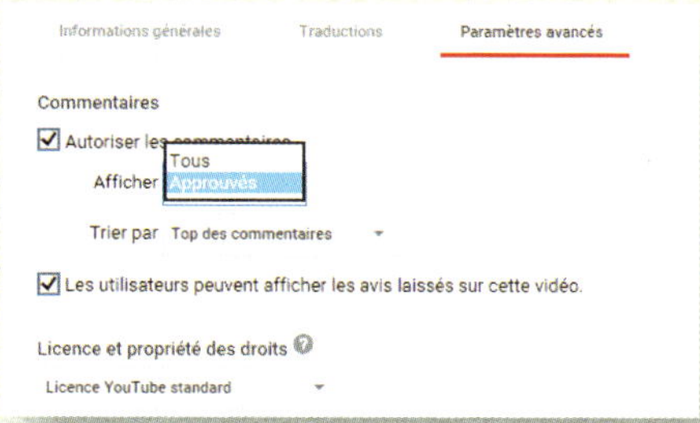

Je te conseille vivement de sélectionner Approuvés pour les commentaires. Ainsi, tu pourras les lire et les valider avant qu'ils n'apparaissent sous ta vidéo sur YouTube et, bien sûr, les refuser s'ils se révèlent injurieux ou autres.

10 **Clique sur la liste déroulante au-dessous de Catégorie, puis sur la nouvelle catégorie à associer à ta vidéo.**

11 **Parmi les miniatures présentées à côté de ta vidéo, clique sur celle que tu veux utiliser comme vignette d'aperçu sur YouTube.**

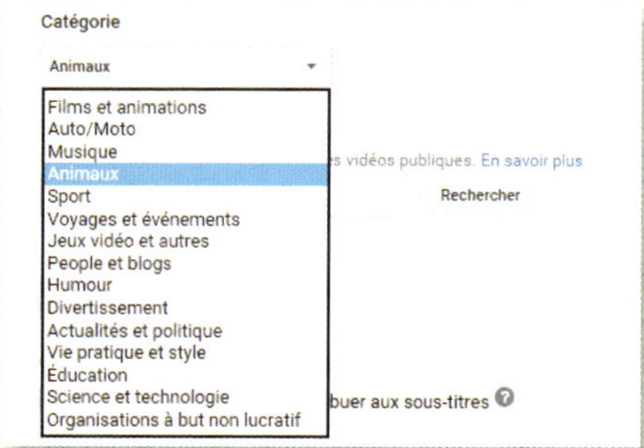

La miniature choisie représentera ta vidéo, notamment dans les pages de résultats de YouTube et de moteurs de recherche comme Google quand les internautes chercheront une vidéo. Donc clique sur la plus attrayante de celles proposées. Et si tu hésites, demande-toi laquelle te donnerait envie, à toi, de regarder la vidéo !

12 **Clique sur Enregistrer les modifications.**

Si tu ne cliques pas sur Enregistrer les modifications, tous tes changements seront perdus.

Ta vidéo est prête à être partagée !

FAIS LE BUZZ SUR YOUTUBE

T'es-tu jamais demandé pourquoi certaines vidéos rencontraient un tel succès ? En fait, beaucoup d'astuces permettent d'augmenter le nombre de vues de ton film, c'est-à-dire le nombre de fois où il sera visionné par les internautes.

Même si tu as tourné une vidéo géniale, tu risques de n'avoir que quelques visiteurs si tu te contentes de la publier sur YouTube. Pour *faire le buzz*, c'est-à-dire enregistrer des centaines, milliers et peut-être même millions de vues, tu dois soigner certains aspects et promouvoir ta vidéo au maximum. Si tu suis les 11 conseils que je vais te donner, c'est gagné !

Si tu n'as pas vraiment d'idée arrêtée sur la vidéo que tu veux publier, tu peux augmenter tes chances de faire le buzz en choisissant un thème qui rencontre toujours beaucoup de succès, comme les chats, les chiens ou les bébés.

1. CHOISIS UN TITRE PERCUTANT

Le titre est l'une des premières choses que voient les internautes quand ils interrogent YouTube ou un *moteur de recherche* (Google, Yahoo!, Voilà ou autre) pour trouver une vidéo qui les intéresse. Le tien doit donc faire mouche aussitôt pour que les spectateurs potentiels n'aillent pas voir ailleurs.

Commence par te demander quels mots ou quelle formulation pourraient attirer et retenir l'attention des internautes. Ton titre doit à la fois évoquer clairement le contenu de ta vidéo et susciter la curiosité. Par exemple, si tu as filmé un tutoriel expliquant comment descendre des marches en BMX, ne choisis pas un titre aussi neutre que « Leçon de BMX », mais plutôt une formule comme « Dévale n'importe quel escalier avec ton BMX ! ».

Pour t'aider, tu peux regarder les titres des vidéos les plus consultées sur YouTube. Pour accéder à ces dernières, tape un ou plusieurs mots-clés caractérisant le sujet qui t'intéresse dans la zone de recherche en haut de la page et appuie sur la touche Entrée (Windows) ou Retour (Mac) ; ensuite, clique sur le bouton Filtres sous cette zone, puis sur Nombre de vues dans la partie droite du grand panneau qui apparaît.

Dans ton titre comme dans tous les textes associés à ta vidéo, évite absolument les fautes d'orthographe et ne t'exprime surtout pas comme dans les textos. Si tu as un doute, demande à un adulte de te relire.

2. CHOISIS UNE MINIATURE ACCROCHEUSE

En même temps que le titre de ton film, les internautes qui cherchent une vidéo verront dans les résultats de YouTube, Google ou autre la *miniature* de ton film, c'est-à-dire l'image qui le représente. Celle-ci doit donc être assez attrayante ou intrigante pour leur donner envie de voir ce qu'elle cache.

C'est pourquoi le premier plan de ta vidéo convient rarement. Choisis-en plutôt un étonnant, particulièrement joli ou extrêmement drôle, par exemple. Tout dépend du thème de ta vidéo et de l'aspect sur lequel tu veux insister.

Par exemple, si tu as filmé avec un drone, choisis un plan qui donne le vertige, pas une banale vue aérienne. Regarde les deux miniatures qui suivent, et imagine que tu cherches une vidéo de surf : sur laquelle aurais-tu le plus envie de cliquer ? La seconde, évidemment, car par rapport à la première, elle fait beaucoup plus rêver et suggère une vidéo nettement plus spectaculaire !

3. AJOUTE UNE DESCRIPTION ALLÉCHANTE

Peu d'auteurs de vidéos ajoutent une description. Pourtant, si elle est vraiment bien, elle peut faire toute la différence. Pense aux *teasings* des films : c'est exactement pareil ! Quand ils sont réussis, tu meurs d'envie de courir au cinéma ; sinon, tu ne retiens même pas le titre du film.

Ta description doit être dynamique et concise. En quelques phrases courtes, explique brièvement aux spectateurs ce qui les attend et trouve les arguments qui font qu'ils ne passeront pas leur chemin.

Par exemple, regarde l'illustration ci-contre qui présente des résultats d'une recherche dans Google : ne cliquerais-tu pas immédiatement sur l'« Incroyable cascade » qui risque de te « donner des sueurs froides » ?

4. AJOUTE DES TAGS PERTINENTS

Les *tags* correspondent aux mots-clés que tapent les internautes pour trouver une vidéo qui les intéresse. Plus ils sont pertinents, plus tu as de chances que ton film apparaisse dans les résultats des recherches, aussi bien sur YouTube que dans Google, notamment.

Utilise des termes inclus dans le titre et la description de ta vidéo, ainsi que des mots évocateurs du contenu. Par exemple, si tu as tourné avec un drone ou avec une GoPro, définis « drone » ou « GoPro » comme tag.

5. AJOUTE DES ANNOTATIONS

En regardant certaines vidéos sur YouTube, peut-être as-tu déjà vu des sortes de bulles apparaître quelques instants : techniquement, il s'agit d'annotations. Le plus souvent, elles s'affichent à la fin du film pour transmettre un message comme « Regarde ma dernière vidéo » ou « Abonne-toi à ma chaîne ». Donc n'hésite pas à en ajouter pour guider ton public vers d'autres vidéos et playlists, ou vers ta chaîne.

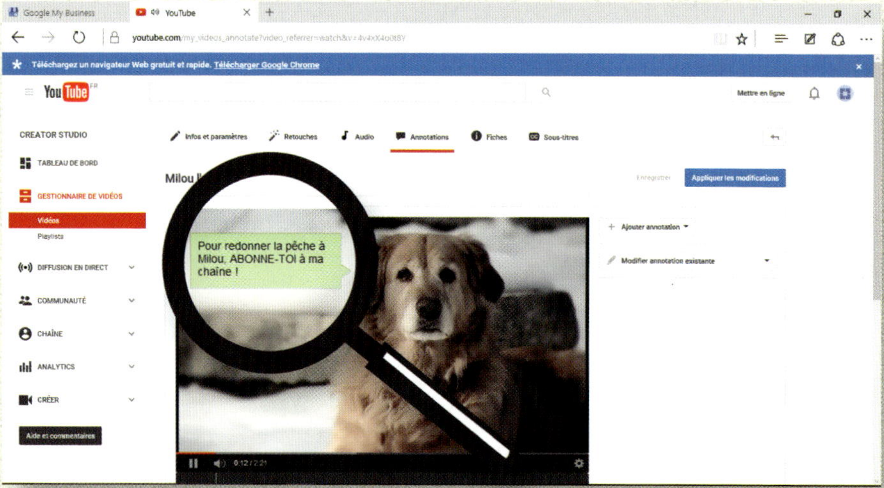

1 **Après t'être connecté à ton compte YouTube, clique sur ton icône de profil en haut à droite, puis sur Creator Studio dans le panneau qui se déroule.**

2 **Dans la colonne gauche, clique sur Gestionnaire de vidéos.**

La liste de tes vidéos apparaît.

3 **Clique sur Modifier au-dessous du nom de la vidéo que tu souhaites annoter.**

Une page dédiée à la modification de très nombreuses caractéristiques de ta vidéo apparaît.

4 **Au-dessus de la fenêtre de diffusion de ta vidéo, clique sur Annotations.**

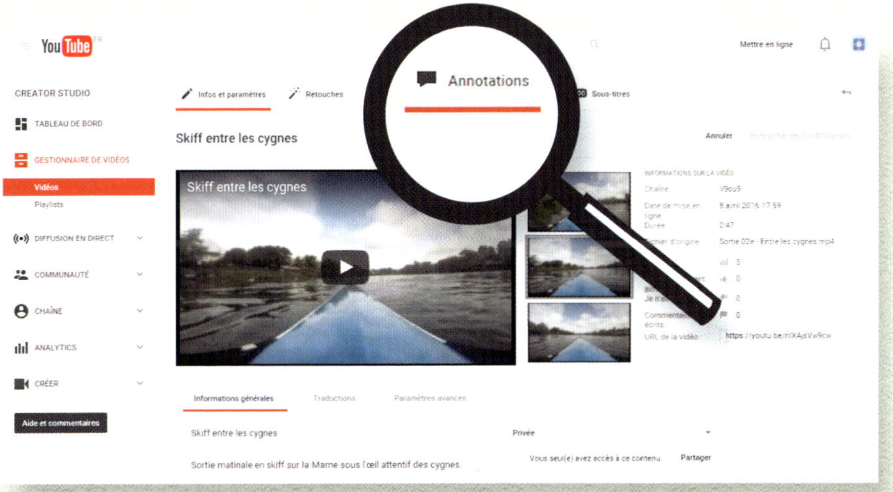

Ta vidéo apparaît en plus grand, et sa lecture démarre automatiquement.

5 **Parcours ta vidéo et arrête-la sur le plan que tu souhaites annoter.**

6 **À droite de ta vidéo, clique sur le bouton Ajouter annotation, puis sur Bulle de texte.**

Une bulle s'affiche dans la vidéo, sur le plan figé à l'étape 5.

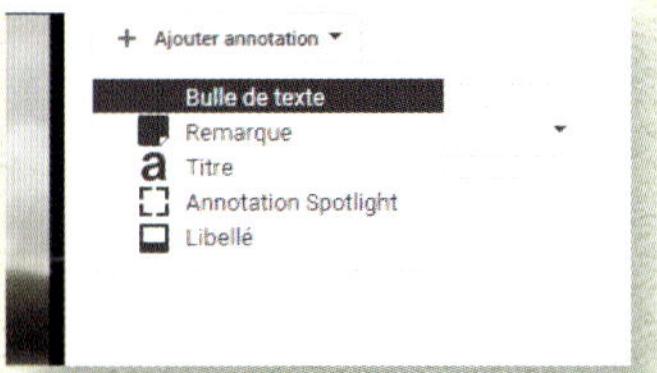

7 **Dans la zone Bulle de texte, à droite, tape le texte qui devra servir d'annotation.**

8 **Si tu souhaites agrandir le texte ou colorer la bulle, utilise les options correspondantes sous la zone où tu viens de taper ton texte pour appliquer la modification souhaitée.**

9 **Si tu souhaites augmenter la durée d'affichage de la bulle, tape une valeur plus élevée dans la zone Fin.**

10 **Si nécessaire (par exemple parce que la bulle est beaucoup plus grande que l'annotation ou parce qu'elle masque un élément important de la vidéo), tu peux changer la taille ou l'emplacement de la bulle. Dans les deux cas, interviens directement dans la fenêtre du film.**

» Pour agrandir ou réduire la bulle, fais glisser ses *poignées de redimensionnement* (les petits carrés sur le bord de la bulle) autant que besoin.

» Pour déplacer la bulle, fais-la glisser à l'endroit souhaité, simplement.

Faire glisser la bulle dans la fenêtre de la vidéo ne fait que déplacer la bulle dans l'image actuellement affichée. Si tu veux la changer de plan (l'afficher sur une autre image, donc), tu dois faire glisser l'icône de bulle dans la timeline au-dessous de la vidéo, sur le repère chronologique du moment où l'annotation devra apparaître.

11 **Une fois satisfait, clique sur Appliquer les modifications.**

Si tu changes d'avis, tu peux à tout moment revenir au Gestionnaire de vidéos sans enregistrer les modifications que tu viens d'apporter en cliquant sur le bouton marqué d'une flèche coudée orientée vers la gauche et situé en haut à droite.

6. MONTRE TA VIDÉO À TOUS TES PROCHES

Tu es fier de ta vidéo, n'est-ce pas ? Alors envoie son lien à tous tes amis et à ta famille. Demande-leur aussi de le transmettre à leurs connaissances. Ainsi, tu bénéficieras de l'effet boule de neige !

7. PARTAGE TA VIDÉO SUR FACEBOOK

Tu es sûrement inscris sur Facebook. Alors partage absolument ta vidéo dessus. Même si tes amis ne commentent pas ton film, ils augmenteront sa popularité rien qu'en cliquant sur J'aime. Et plus tu auras de *likes* (anglicisme qui désigne le nombre de « J'aime » enregistrés), plus cela attirera d'internautes qui, après avoir vu ta vidéo sur Facebook, auront envie de découvrir tes autres productions sur YouTube.

De ton côté, « like » et commente également des vidéos sur le même thème que les tiennes, tant sur Facebook que sur YouTube directement, d'ailleurs. Invite aussi leurs auteurs à regarder les tiennes pour gagner ainsi quelques spectateurs supplémentaires !

Toutefois, ne tombe pas dans l'excès en commentant trop de vidéos : cela s'apparenterait à du spam, et tu te ferais très vite beaucoup d'ennemis. Limite-toi à des films que tu trouves vraiment réussis.

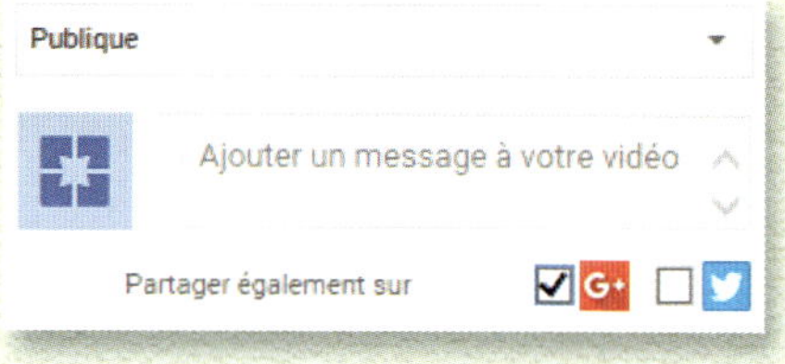

Si tu es inscris sur Google+ ou Twitter, tu peux partager ta vidéo sur l'un et/ou l'autre de ces réseaux directement depuis YouTube. Le plus simple est d'agir lors de la publication de ton film. Sinon, tu peux intervenir plus tard, en accédant aux paramètres de ta vidéo depuis le Creator Studio et le Gestionnaire de vidéos, comme tu l'as déjà fait plusieurs fois depuis le début de ce chapitre. Dans les deux cas, coche la case du réseau souhaité dans la zone Partager également sur et clique sur Publier.

8. RELAIE TA VIDÉO SUR DES SITES SPÉCIALISÉS

Si tes vidéos concernent un thème bien précis qui te passionne, tu connais sûrement des sites spécialisés qui y sont consacrés et qui permettent aux visiteurs de publier leurs productions. Alors, fonce ! Par exemple, si tu es musicien, poste tes meilleures vidéos sur Myspace : www.myspace.fr.

9. PARLE DE TA VIDÉO DANS LES FORUMS ET SUR LES BLOGS

Pas question d'aller vanter ta vidéo sur tes derniers exploits en skate dans un forum ou sur un blog consacré aux chats, bien sûr ! Là encore, il existe forcément des forums et des blogs dédiés à tes centres d'intérêt et au thème de tes vidéos. Par exemple, si tu es un joueur invétéré, Total Gamer (www.total-gamer.com) est fait pour toi.

Publies-y des messages ou commentaires pour faire connaître ta vidéo. Mais pas n'importe comment ! Ne te contente surtout pas d'inviter les internautes à venir regarder ton film. Ruse un peu et profite de donner un conseil ou une astuce, notamment, pour justifier « l'air de rien » la mention du lien de ta vidéo. Avec un peu de chance, les visiteurs qui auront apprécié ton intervention auront envie d'aller regarder ton film.

À condition de rester raisonnable et de ne pas inonder le site de messages, tu pourras sans doute promouvoir ta vidéo dans l'un des forums de Public Ados. Rends-toi sur la page http://forum.ados.fr *et vois si l'un des forums correspond au thème de ta vidéo. Comme de très nombreux sujets y sont abordés, tu devrais trouver chaussure à ton pied : mais vraiment, ne publie pas à tort et à travers !*

Une autre bonne manière de te faire de la publicité grâce aux blogs consiste à laisser un commentaire sur ceux qui sont très visités, du moment qu'ils abordent un thème en lien avec celui de ta vidéo. Tu peux même essayer de contacter directement leur auteur et lui demander de parler de ton film : sait-on jamais !

10. CRÉE DES PLAYLISTS

Une *playlist* correspond à un ensemble de vidéos qui sont diffusées automatiquement les unes à la suite des autres. Elle peut réunir des films relatifs à un même thème (comme les chiens, au hasard…), de toi seul ou de différents youtubeurs. Cela étant, si tu publies une vidéo de ton chien, créer une playlist qui regroupe les meilleurs gags avec les Médor de tous poils pourrait faire venir de nouveaux spectateurs.

1. **Après t'être connecté à ton compte YouTube, clique sur ton icône de profil en haut à droite, puis sur Creator Studio dans le panneau qui se déroule.**
2. **Dans la colonne gauche, clique sur Gestionnaire de vidéos, puis sur Playlists, juste au-dessous.**

3 **Dans la partie centrale de la fenêtre, en haut, clique sur le bouton Nouvelle playlist.**

Une bulle pour nommer ta playlist et définir son niveau de confidentialité apparaît.

4 **Dans la zone Titre de la playlist, tape un intitulé pour ta liste.**

5 **Clique sur le bouton dans l'angle inférieur gauche de la bulle, puis sur la visibilité que tu veux donner à ta playlist.**

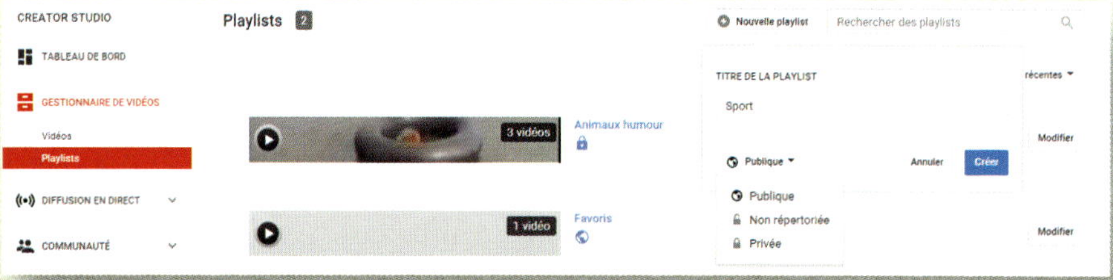

Comme pour tes vidéos, YouTube propose trois niveaux de confidentialité pour les playlists.

» Publique : *tous les internautes peuvent visionner ta playlist, et elle apparaît dans les résultats des recherches menées par ces internautes.*

» Non répertoriée : *ta playlist ne peut être vue que par les internautes qui possèdent son lien, et elle n'apparaît pas dans les résultats de recherche, sauf si un internaute l'a intégrée à l'une de ses playlists publiques.*

» Privée : *seules les personnes que tu sélectionnes et toi-même peuvent consulter ta playlist, et celle-ci n'apparaît dans aucun résultat de recherche ni sur ta chaîne.*

6 **Clique sur Créer.**

Ta playlist s'affiche au centre de la page et dans la rubrique Bibliothèque, à gauche. En toute logique, YouTube t'indique qu'elle ne contient aucune vidéo pour l'instant. Donc, au travail !

7 **Clique sur Ajouter des vidéos.**

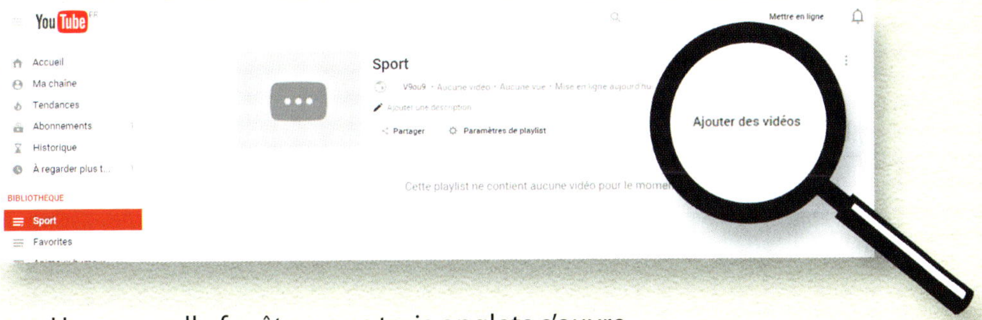

Une nouvelle fenêtre avec trois onglets s'ouvre.

- **Recherche de vidéos** te permet de rechercher un film sur YouTube si tu n'as aucune vidéo spécifique en tête.
- **URL** te permet de fournir directement l'adresse d'une vidéo YouTube particulière : idéal si tu veux ajouter le film d'un autre youtubeur et si tu connais son adresse.
- **Vos vidéos YouTube** te permet de faire un choix parmi tes propres films.

8 **En utilisant un ou plusieurs de ces trois onglets, ajoute toutes les vidéos souhaitées à ta playlist. Selon l'onglet, tu dois taper un texte ou sélectionner une ou plusieurs miniatures ; mais dans tous les cas, clique ensuite sur le bouton Ajouter des vidéos au bas de la fenêtre pour intégrer effectivement les films choisis à ta liste.**

Si tu as sélectionné une vidéo que tu ne veux finalement plus inclure dans ta playlist, clique de nouveau dessus, puis clique sur le bouton Ajouter des vidéos, et YouTube la désélectionnera automatiquement.

Après avoir créé une playlist, tu peux y ajouter n'importe quelle nouvelle vidéo que tu viens de publier sur YouTube : clique sur le bouton Ajouter à une playlist, coche la case de la playlist concernée et appuie sur la touche Entrée (Windows) ou Retour (Mac) du clavier.

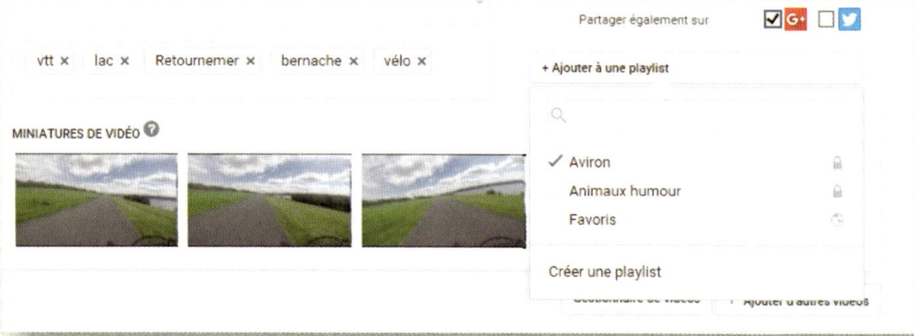

ASTUCE

Tu peux supprimer n'importe laquelle de tes playlists à tout moment. Commence par toutes les afficher en répétant les étapes 1 et 2 de tout à l'heure. Ensuite, clique successivement sur Modifier à côté de la playlist à supprimer, sur les trois points dans la partie supérieure droite de la fenêtre, sur Supprimer la playlist dans le menu qui se déroule et, finalement, sur Oui, supprimer dans la demande de confirmation.

11. DOPE TA CHAÎNE

D'une manière plus générale, tu peux augmenter le nombre de vues de tes vidéos en faisant la promotion de ta chaîne.

- **Choisis une miniature de choc pour représenter ta chaîne.** Utilise une image qui attirera l'œil des internautes en balade sur YouTube, mais qui soit bien en accord avec les vidéos de ta chaîne. Il peut notamment s'agir d'un plan extrait de l'un de tes films ou de la photo du chat qui tient la vedette de ta vidéo.
- **Recueille des abonnés,** car plus ils seront nombreux, plus tu auras de vues. Demande d'abord à tes proches de s'abonner à ta chaîne.

  Ensuite, abonne-toi à la chaîne d'autres youtubeurs, tout en leur faisant savoir que tu aimes bien leurs films. Pour cela, tape d'abord un commentaire dans la zone correspondante sous la vidéo de la chaîne que tu es en train de regarder et valide-le en cliquant sur Publier. Ensuite, clique sur le bouton rouge S'abonner.

» Si ces youtubeurs ne te renvoient pas l'ascenseur automatiquement, invite-les explicitement à s'abonner à ta chaîne.

ASTUCE

Avant de t'abonner à une chaîne dont tu viens de regarder une vidéo, je te conseille de la découvrir plus en détail en cliquant sur son nom au-dessous de la vidéo. Ce clic affiche plusieurs onglets, dont Vidéos et Discussion : parcours-les pour en savoir plus sur cette chaîne et décider en toute connaissance de cause de t'y abonner ou pas.

RETIRE LES VIDÉOS INDÉSIRABLES

Jusqu'à présent, nous n'avons vu que le bon côté des choses : filmer un sujet qui te passionne, le publier sur YouTube et recueillir plein de vues d'internautes enthousiastes.

Mais il est possible qu'un jour, bien malgré toi, l'une de tes vidéos blesse quelqu'un ou déclenche des commentaires véhéments. Que cela se passe sur YouTube ou sur Facebook si tu as partagé ton film sur ce réseau, ne laisse surtout pas les choses s'envenimer et retire immédiatement ta vidéo sur les deux sites.

» **Sur YouTube,** accède au Gestionnaire de vidéos en cliquant sur ton icône de profil en haut à droite, puis sur Creator Studio dans le panneau qui se déroule. Ensuite, clique sur Vidéos sous Gestionnaire de vidéos dans la colonne gauche, puis sur la flèche à droite du bouton Modifier associé à la vidéo à retirer, et sur Supprimer la publication dans le message qui apparaît. Confirme finalement l'effacement en cliquant sur Oui, supprimer.

» **Sur Facebook,** affiche ton mur et clique sur la petite flèche dans l'angle supérieur droit de l'article qui contient ta vidéo, puis sur Supprimer dans le menu. Confirme finalement l'effacement en cliquant sur Supprimer la publication dans le message qui apparaît.

TOUCHE LE PACTOLE AVEC YOUTUBE

YouTube ne permet pas seulement de devenir une célébrité sur la Toile : certains l'utilisent aussi pour gagner de l'argent. Ce système est très alléchant et facile à mettre en œuvre, mais attention : tu ne peux en profiter que si tu es majeur.

À cette condition, YouTube te propose *AdSense*. Celui-ci entraîne l'ajout de publicités choisies par YouTube dans tes vidéos, aussi bien au début qu'au milieu et à la fin… Pour en profiter, tu dois créer un compte AdSense et y associer ta chaîne.

Pour cela, comme souvent, commence par cliquer sur ton icône de profil, puis sur Creator Studio dans le panneau qui apparaît. Ensuite, clique sur Chaîne dans la colonne gauche, puis sur Activer dans la rubrique Monétisation au centre de la page. Suis finalement les étapes qui s'affichent à l'écran.

Cela étant, n'espère pas devenir milliardaire avec AdSense, car pour gagner environ l'équivalent d'un Smic, tu dois enregistrer près d'un million de vues par mois ! Mais si ta vidéo est vraiment géniale et si tu sais la promouvoir au point d'atteindre quelques milliers de vues, tu peux espérer toucher quelques centaines d'euros.

Ironie du sort, si tu veux augmenter le nombre de vues, tu peux recourir au service *AdWords*, système *payant* de promotion de YouTube ! Dans l'immédiat, je te conseille de t'en tenir à la diffusion classique de tes vidéos. Une fois familiarisé avec YouTube (et majeur !), tu aviseras en connaissance de cause.

GLOSSAIRE

EN LISANT CE LIVRE, TU AS DÉCOUVERT DE NOUVEAUX TERMES ET CONCEPTS. Si tu hésites sur la signification de certains d'entre eux, utilise la liste qui suit comme mémo.

accessoire Appareil ou dispositif utilisé par un acteur.

Action ! Interjection utilisée par le metteur en scène d'un film pour indiquer aux acteurs et à l'équipe de tournage que le filmage d'une scène va commencer.

angle Position de la caméra par rapport au sujet.

audio Son enregistré pendant le tournage.

blockbuster Film *grand public* à gros *budget* (qui a donc été vu par énormément de spectateurs et dont la production a coûté énormément d'argent !) et qui sort généralement dans des cinémas du monde entier.

bobine Longue bande de pellicule enroulée autour d'un disque en métal et destinée à être visionnée avec un projecteur. Avant l'avènement du numérique, ce système servait à enregistrer des vidéos ; mais aujourd'hui, il n'est plus utilisé que dans certains cas très spécifiques. Même les films numériques sont souvent envoyés sous forme de bobines aux cinémas. Il faut alors compter entre 3 et 5 bobines pour un long-métrage.

câble FireWire Cordon qui permet de transférer des données, notamment vidéo, d'une caméra sur un ordinateur. Les connexions FireWire sont aussi parfois appelées *IEEE 1394*.

câble USB Cordon qui se branche sur un ordinateur et sur un appareil photo ou une caméra pour permettre de copier les vidéos du second ou de la seconde sur le premier.

cadre Image isolée, extraite de toutes celles capturées pour une séquence vidéo, et parfois appelée *image fixe*.

caméscope Caméra vidéo qui permet de filmer des séquences.

carte mémoire Petit dispositif de stockage qui contient les données vidéo et audio enregistrées par les appareils photo ou les caméras, notamment. Ces dernières utilisent principalement des cartes CompactFlash (CF), Secure Digital (SD), MicroSD, MiniSD ou SxS.

casting Ensemble des acteurs tournant dans un film ou une vidéo.

clap (ou claquette) Sorte de plaquette scindée en deux et sur laquelle sont inscrites les informations importantes d'une prise. Un machiniste la tient ouverte devant la caméra avant chaque début de prise et la referme en la faisant claquer au moment où le tournage commence. Avant l'apparition des marqueurs, le clap était en ardoise, et on écrivait dessus à la craie.

Coupez ! Interjection lancée par le metteur en scène d'un film pour prévenir les acteurs et son équipe de la fin du tournage de la scène en cours.

développement Processus qui englobe la conception et la création d'un film.

dialogue Paroles prononcées par les personnages d'un film ou d'une vidéo.

éclairage Lumière présente dans une scène. Elle peut être naturelle ou apportée par le réalisateur grâce à des dispositifs comme des lampes.

écran Petite zone de visualisation dont sont équipées les caméras et qui permet, d'une part, de voir ce qui sera capturé lors du filmage et, d'autre part, de revoir la séquence une fois celle-ci enregistrée.

effet Technique visuelle ou audio, utilisée pour améliorer ou changer l'apparence ou le son d'une séquence vidéo. Certains effets s'ajoutent au moment du tournage, d'autres, lors du montage sur ordinateur.

effet audio Son ajouté à un film lors du montage.

équipe de tournage Groupe de personnes derrière la scène ou la caméra qui prennent part à la réalisation d'un film ou d'une vidéo.

fictif Fondé sur une histoire imaginée par l'auteur et, en principe, sans aucun rapport avec la réalité.

filmer (ou tourner) Enregistrer une séquence vidéo.

importer Transférer une séquence vidéo depuis une caméra, une bande ou une carte mémoire sur un ordinateur.

lieu de tournage Endroit où se filme une scène.

liste des plans (ou liste des prises) Liste de référence pour une équipe de tournage qui répertorie toutes les prises à filmer dans une scène.

logiciel de montage vidéo Programme informatique qui permet de modifier et de monter des vidéos.

metteur en scène Personne qui indique aux acteurs et à l'équipe de tournage ce qu'ils doivent faire, qui choisit à la fois les angles de filmage et qui décide des prises à conserver dans la vidéo finale.

micro (ou microphone) Appareil utilisé pour enregistrer du son lors d'un tournage.

mise au point Réglage pour définir la netteté de l'image.

montage Assemblage des différents plans et séquences après leur tournage.

objectif Dispositif fixé sur un appareil photo ou une caméra et constitué d'au moins une lentille en verre pour réaliser la mise au point sur le sujet.

perche Sorte de long bâton avec un micro au bout, le premier servant généralement à tenir le second au-dessus des acteurs pour enregistrer le son d'une scène.

personnage Personne, généralement fictive, qui tient un rôle dans une histoire.

plan (ou prise de vue) Partie d'une séquence vidéo enregistrée par la caméra, avec un début et une fin bien marqués.

planning Programme d'un jour de tournage indiquant les heures et les détails des prises à réaliser.

plateau Endroit aménagé pour le tournage d'une scène.

postproduction Traitement d'un film après son tournage.

prise Prestation ou événement enregistré(e) pour une scène lors d'un tournage. L'idéal est de capturer des dizaines voire centaines de prises par scène, selon la longueur de cette dernière.

réalisateur Personne qui fabrique un film ou une vidéo.

réel Fondé sur des événements ou des faits authentiques et mettant en scène les personnes qui ont réellement pris part à ces événements ou faits.

réplique *Dialogue* (texte) inscrit dans le scénario et qui devra être prononcé par les acteurs.

scénario (ou script) Document réunissant toutes les informations d'une histoire à filmer, dont les scènes et les dialogues.

scène Ensemble de prises filmées en un même lieu et qui constituent une section de l'histoire globale.

storyboard *Série* ou ensemble d'images créées avant un tournage pour prévoir les différentes prises à réaliser.

sujet Personne ou objet filmé(e).

téléphone avec APN Mobile capable de capturer des photos et d'enregistrer de petites vidéos.

télétransmettre Transférer et enregistrer une vidéo d'un ordinateur sur un site Web ou un serveur.

voix hors champ (ou voix off) Voix enregistrée et utilisée dans une vidéo ou un documentaire, sans que ce commentateur n'apparaisse.

zoom Agrandissement ou réduction d'un objet ou d'un sujet lors de son filmage, afin de le faire apparaître plus proche ou plus lointain.